Екатерина Пятницына

Скажи Парижу "Здравствуй"

AF002312

Екатерина Пятницына

Скажи Парижу "Здравствуй"

Париж, достопримечательности, советы

Bloggingbooks

Impressum / Выходные данные

Bibliografische Information der Deutschen Nationalbibliothek: Die Deutsche Nationalbibliothek verzeichnet diese Publikation in der Deutschen Nationalbibliografie; detaillierte bibliografische Daten sind im Internet über http://dnb.d-nb.de abrufbar.

Alle in diesem Buch genannten Marken und Produktnamen unterliegen warenzeichen-, marken- oder patentrechtlichem Schutz bzw. sind Warenzeichen oder eingetragene Warenzeichen der jeweiligen Inhaber. Die Wiedergabe von Marken, Produktnamen, Gebrauchsnamen, Handelsnamen, Warenbezeichnungen u.s.w. in diesem Werk berechtigt auch ohne besondere Kennzeichnung nicht zu der Annahme, dass solche Namen im Sinne der Warenzeichen- und Markenschutzgesetzgebung als frei zu betrachten wären und daher von jedermann benutzt werden dürften.

Библиографическая информация, изданная Немецкой Национальной Библиотекой. Немецкая Национальная Библиотека включает данную публикацию в Немецкий Книжный Каталог; с подробными библиографическими данными можно ознакомиться в Интернете по адресу http://dnb.d-nb.de.

Любые названия марок и брендов, упомянутые в этой книге, принадлежат торговой марке, бренду или запатентованы и являются брендами соответствующих правообладателей. Использование названий брендов, названий товаров, торговых марок, описаний товаров, общих имён, и т.д. даже без точного упоминания в этой работе не является основанием того, что данные названия можно считать незарегистрированными под каким-либо брендом и не защищены законом о брендах и их можно использовать всем без ограничений.

Coverbild / Изображение на обложке предоставлено: www.ingimage.com

Verlag / Издатель:
Bloggingbooks
ist ein Imprint der / является торговой маркой
OmniScriptum GmbH & Co. KG
Heinrich-Böcking-Str. 6-8, 66121 Saarbrücken, Deutschland / Германия
Email / электронная почта: info@bloggingbooks.de

Herstellung: siehe letzte Seite /
Напечатано: см. последнюю страницу
ISBN: 978-3-8417-7181-0

Copyright / АВТОРСКОЕ ПРАВО © 2013 OmniScriptum GmbH & Co. KG
Alle Rechte vorbehalten. / Все права защищены. Saarbrücken 2013

Оглавление

От автора 5

Глава I. Город Париж: 7

Где находится Париж?..7

Москва - Париж расстояние 8

Разница во времени между Москвой и Парижем 10

Цены в Париже 11

Как пользоваться метро в Париже 13

Округа Парижа на карте 15

Улицы Парижа 17

Глава II: Районы Парижа 19

Остров Сите 19

Монмартр 20

Латинский квартал 22

Квартал Маре 25

9 округ Парижа 27

Дефанс 29

Глава III: Достопримечательности Парижа 31

Куда сходить в Париже?,... 31

Бульвары в Париже 33

Где Эйфелева башня? 34

Вандомская площадь 36

Улица Риволи 38

Триумфальная арка 40

Площадь Бастилии 42

Башня Монпарнас 44

Катакомбы Парижа 46

Фуникулер на Монмартре 47

Фонтаны Парижа 49

Кладбище Пер-Лашез 51

Канал Сен-Мартен 52

Новый мост в Париже 54

Мост Александра III в Париже 56

Люксембургский сад в Париже 58

Сад Тюильри 59

Глава IV: Музеи Парижа 62

Где находится Лувр? 62

Пирамида Лувра 63

Как добраться из Парижа до Версаля......................66

Дом Инвалидов в Париже 67

Музей Родена в Париже 69

Музей Клюни 70

Центр Помпиду в Париже 72

Музей Гревен 73

Музейная карта Парижа 76

Глава V: Магазины Парижа 78

Магазины в Париже 78

Когда распродажи в Париже? 79

Галерея Лафайет в Париже 81

Аутлет в Париже 83

Блошиные рынки Парижа 84

Глава VI: Соборы и церкви Парижа 87

Собор Нотр Дам де Пари 87

Башни собора Нотр Дам 89

Базилика Сакре-Кер 92

Церковь Сен-Сюльпис 93

Часовня Сен-Шапель 95

Церковь Мадлен 97

Глава VII: Развлечения в Париже 99

Встретить Новый год в Париже 99

Кабаре Мулен Руж 100
Цены в Диснейленд в Париже 101
День Святого Валентина в Париже....................................... 103
Прогулка по Сене 105
Экскурсионные автобусы в Париже 107
День рождения французского языка 110

От автора

Здравствуйте, дорогие друзья!

Меня зовут Екатерина Пятницына.

Если Вы еще не бывали в Париже, то я Вам искренне завидую. Ибо неизмеримое число необыкновенных открытий вам еще только предстоит совершить.

Когда-нибудь Вы туда обязательно попадете. Ведь все дороги, как известно, ведут в … столь милый сердцу каждого человека город Париж.

Некоторые высокопарно называют его столицей мира. Я не знаю, есть ли у мира столица, но лучшего места на Земле лично для меня не существует.

Я очень люблю путешествовать. Наверное, все любят.

«Если не говорить о любви, больше всего радости и утешения приносят нам путешествия. В простом выражении «я уезжаю» кроется целый мир, не находящих выхода чувств» – Теодор Драйзер «Сестра Кэрри».

Я расскажу Вам о моих поездках в Париж, его достопримечательностях, своих личных впечатлениях, о случившихся со мной историях, испытываемых ощущениях и эмоциях, связанных с этими поездками.

Да, и о себе лично. Я математик по образованию, сто лет как жена и мать уже взрослого сына.

Начала учить французский язык когда-то давно без всякой надежды увидеть Францию. Потом, к счастью, увидела, и не один раз. Влюбилась безумно. Стараюсь бывать как можно чаще.

Ко мне часто обращаются знакомые, собирающиеся в Париж, с различными вопросами. Какой отель лучше выбрать и где, что посмотреть в первую очередь, куда сходить, что купить, где поесть, как пользоваться метро, как добраться до Диснейленда и тому подобное.

Обычно я пускаюсь в подробные разъяснения, и это занимает час-полтора. Но не у всех есть возможность найти в своем окружении человека, способного часами отвечать на вопросы о Париже.

Поэтому и была написана эта книга, не только для творческого самовыражения, но и чтобы помочь путешественникам в решении различных вопросов.

Также я очень надеюсь, что у меня будет больше друзей и единомышленников, с которыми можно разделить радость открытия этого чудесного города и этой страны.

И если Вы давно хотели поехать в Париж, но все время почему-то не получалось, возможно, эта книга поможет принять решение и наконец-то сказать Парижу «Здравствуй»!

Желаю Вам приятного чтения и интересных собственных путешествий. Надеюсь, что-то окажется Вам полезным или покажется интересным. Ведь путешествие – это жизнь!

Глава I

Город Париж

Где находится Париж?

Хотите узнать, где находится Париж? Детский, казалось бы, вопрос, тем не менее, регулярно запрашиваемый в поисковых системах.

Итак, где находится Париж – город Света, город Любви, одно лишь упоминание о котором часто настраивает людей на романтический лад.

Париж находится в Северном центре Франции, а если рассматривать его местоположение по отношению ко всей стране, то скорее на северо-востоке.

Париж стоит на реке Сене, которая омывает его берега на протяжении 8 километров.

Париж располагается в низменной, чашеобразной впадине, примерно в 90 километрах к юго-востоку от точки, где Сена впадает в Английский канал.

Париж так удачно расположен, что многие западные европейские столицы находятся совсем недалеко, иногда в переделах нескольких часов, передвигаетесь ли вы на автомобиле, поезде или самолете.

Он расположен в 250 километрах к югу от Лондона, в 320 километрах к юго-юго-западу от Брюсселя, почти на таком же расстоянии к северо-западу от

Женевы, 654 километрах к юго-западу от Берлина, в 891 километрах к северо-северо-западу от Рима и 815 километрах к северу от Мадрида.

Французская столица - один из самых многолюдных городов мира с около 53 тысячами человек на квадратную милю, занимая в этом качестве 4-ое место после самых густонаселенных городов в мире - Манилы, Шанхая и Каира.

Регион Иль-де-Франс, в котором расположен Париж, имеет население около 11 миллионов, а сам город Париж насчитывает около 2,2 миллионов жителей.

Париж является одним из крупнейших столичных областей в Европе, а Иль-де-Франс - самым густонаселенным из 22 французских регионов.

Но, конечно, дело не в размерах или населении. Париж – один из самых желанных и привлекающих туристов городов, по праву гордящийся богатством своего культурного наследия и количеством культурных шедевров на квадратный километр.

Я считаю, что Париж еще и очень удобный город в смысле проживания, как для его жителей, так и для туристов. Все в этом городе как-то хорошо и просто организовано для людей, а метро делает быстро доступным буквально любое место в Париже, где вы только не захотите побывать.

Ну вот, теперь вы знаете, где находится Париж, может, пришла пора осуществить свои детские или не очень детские мечты, ведь расстояние до него не так уж и велико.

Расстояние между Москвой и Парижем

Москва – Париж расстояние – вот часто встречающийся запрос в поисковых системах. Действительно, раз уж собрались путешествовать по маршруту Москва – Париж, то расстояние узнать тоже интересно.

Если считать по прямой, то оно составляет 2895 километров.

Конечно, самый короткий вариант преодоления расстояния Москва Париж – на самолете. В среднем перелет занимает около 3,5 часов. Конечно, это в том случае, если вы летите беспосадочным рейсом.

Путешествие лично для меня проходит обычно как-то незаметно, пассажирам скучать не дают, в самолете время в основном занято едой и напитками.

Как только набрали высоту – начинают разносить соки, воду, напитки.

Потом обед, после него чай-кофе, кто хочет еще раз можно попросить воду или сок.

Под конец едва успевают обойти всех с тележкой из duty-free, где можно купить что-нибудь из парфюмерии, косметики и всякой мелочи, что обычно продают на борту самолета.

И вот уже идем на посадку либо во французский аэропорт Шарль де Голль, либо, как правило, в Шереметьево в Москве.

Существует и другой способ преодоления расстояния между нашими столицами. Не так давно были возобновлены поездки по железной дороге между Парижем и Москвой.

Можно просто сесть в ночной поезд на Восточном вокзале Парижа и прибыть на Белорусский вокзал днем через полтора суток.

Надо заметить, что цена билета на поезд и на самолет примерно одинакова. Так что это скорее путешествие для любителей романтики. А также для тех, кто совсем не переносит самолет или хочет насладиться путешествием из центра одного города до центра другого, избавив себя от поездок в аэропорты.

В поезде есть выбор между первым и вторым классами, предлагается шведский стол, бар, закуски и напитки на борту.

Таким образом, один билет на поезд включает в себя две столицы из списка самых космополитических городов мира. Но вы также увидите многое другое - прямо за окном поезда. Как меняются европейские ландшафты на российские или наоборот. Мне кажется, это интересно посмотреть.

Думаю, что опыт путешествия на поезде тоже интересен. А ведь есть еще и автомобиль.

Но, конечно, выбор, как преодолевать расстояние Москва-Париж – за вами.

Разница во времени между Москвой и Парижем

Хотите узнать о разнице во времени между Москвой и Парижем?

Она, на первый взгляд, не слишком существенна, всего какие-то два часа летом и три часа зимой.

Но все-таки о ней следует помнить. Время отсчитываем со знаком «минус», то есть не стоит звонить кому-то в Париж в восемь часов утра по Москве.

Учитывая разницу во времени между Москвой и Парижем, ваш звонок раздастся в шесть часов утра в летнее время, и в пять утра, если это зима.

Эти два часа немного сказываются в первые дни пребывания. Я, например, всегда очень рано просыпаюсь в Париже, обычно, когда за окном еще темно, даже если это июль.

В Париже вообще светает как-то поздно. Зато можно выйти пораньше на прогулку, когда город еще полупустой, и он весь в вашем полном распоряжении.

Но и темнеет здесь поздно, и светлая часть суток получается достаточно длинной.

Директива Европейского Союза гласит, что летнее время в Европе начинается в последнее воскресенье марта и длится до последнего воскресенья октября.

Летнее время начинается и заканчивается в 1 час утра (01:00) UTC во многих странах Европы, что позволяет этим странам изменять свои часы одновременно.

Поскольку Россия теперь не переводит часы на зимнее время, то из-за этого и получается разница во времени зимой в целых три часа.

Поэтому, когда вы летите из Москвы в Париж, то день получается необыкновенно длинным и насыщенным. К Вашим привычным 24-м часам словно добавляются еще два или три.

На обратном пути это время, наоборот, теряется, и сутки словно становятся короче.

Не забывайте об одном нюансе, связанном со временем. Если вы летите самолетом, то помните, что время вылета в билете всегда указывается по местному времени.

То есть из Москвы вы улетаете, например, в 9.35 по московскому времени, а из Парижа обратным рейсом в 13.20, но уже по парижскому времени.

И, несмотря на разницу во времени между Москвой и Парижем, я желаю Вам чудесно провести время во французской столице.

Цены в Париже

Если вы собираетесь ехать во французскую столицу, то, конечно, вопрос о ценах в Париже становится весьма актуальным.

Никого не удивлю, если скажу, что Париж относится к одному из самых дорогих городов, поэтому цены в Париже весьма немаленькие.

У путешественника в Париже три основные статьи расходов: еда, транспорт и музеи.

Я сейчас не буду затрагивать вопрос стоимости отелей и авиабилетов, потому что это отдельная тема.

Питание

Обычно все отели предлагают какой-никакой завтрак, поэтому осталось решить еще вопросы об обеде и ужине.

Всевозможные кафе, бистро, закусочные и заведения быстрого питания, вроде Макдональдса, встречаются на каждом углу.

Лучше брать меню, туда обычно входит закуска, основное блюдо и десерт. Минимальная цена примерно 12-15 евро на человека и сильно зависит от района.

Учтите, что чем ближе к крупным туристическим достопримечательностям, тем дороже.

На улицах частенько продают такой большой бутерброд, который представляет собой разрезанный вдоль багет, а внутрь положены ветчина, сыр, зелень. Это примерно 6-8 евро.

Пицца обойдется вам в 8-12 евро, иногда можно купить кусочек, евро за 4-5.

Чашка кафе в кафе — 2-3 евро, кстати, а вот чай – дороже. Вино — приблизительно 2,5-5 евро за бокал.

Иногда можно купить цыпленка-гриль евро за 5-6, хлеб в супермаркете за 1 евро, и тогда обед или ужин на двоих вам обеспечен.

Музеи

Очаги культуры в Париже весьма недешевы. В среднем билет в музей обойдется вам в 8-13 евро, и цены все время растут. По последним сведениям билет в Лувр, еще совсем недавно стоивший 10 евро, уже подорожал до 12.

Подъем на самый верх Эйфелевой башни будет стоить 13,4 евро.

Цена билета в музей Гревена вообще поражает воображение – 22 евро.

Так что, если собираетесь посетить много музеев, есть смысл подумать о приобретении музейной карты — Paris Museum Pass.

Огромным преимуществом является то, что вы проходите с ней без очереди. Цена на 2 дня составляет 39 евро.

Учтите, что цены могут еще увеличиться к тому моменту, когда вы попадете в Париж.

Транспорт

По Парижу очень удобно передвигаться на метро, поэтому покупайте сразу 10 билетиков. Они обойдутся вам в 13,3 евро, в то время как один билет стоит 1,7.

Иногда выгодно купить проездной на неделю Forfait Navigo Semaine, особенно если вы попадаете в Париж в понедельник. В пределах городской черты он обойдется вам в 19,5 евро.

К сожалению, как и везде, цены в Париже имеют тенденцию к увеличению, так что будьте готовы, что все перечисленное выше может оказаться еще чуточку дороже.

Как пользоваться метро в Париже

Обсудим вопрос, как пользоваться метро в Париже, потому что, как ни крути, никуда путешественникам от него не деться.

Это самый приемлемый способ передвижения по городу. Станций метро в Париже много и находятся они, как правило, достаточно близко друг к другу.

Бывает, что в первый день своего визита во французскую столицу, туристы находятся в некоторой растерянности, потому что никто не объясняет, как пользоваться метро в Париже.

Обычно гид, если вы путешествуете с турагенством, просто называет ближайшую к месту встречи станцию метро, а вы уж дальше сами разбирайтесь — не маленькие.

Некоторые ориентируются быстро, другие пребывают в таком ступоре от первого визита в парижское метро, столь не похожее на московское, например, что клянутся больше никогда не спускаться под землю.

Между тем, все не так страшно. Часто мы все лишь рабы своих привычек или привычных представлений, что как должно быть устроено. Лично мне приходится брать себя в руки каждый раз, спускаясь в московское метро после парижского, все кажется таким неудобным.

Итак, как пользоваться в метро в Париже. Находим ближайшую к нам станцию метро. Она может быть украшена красивой надписью Metropolitain, Metro или просто буквой М.

Ищите вход под землю с небольшой лестницей, эскалаторов, как правило, нет. Каких-то отдельных павильонов или сооружений, как правило, тоже.

Метро неглубокое, и на первый взгляд больше похоже на подземный переход, чем на средство общественного передвижения. Просто помните, что парижскому метро больше ста лет.

Внизу вас ожидают автоматы, в которых можно купить билеты, и кассы почему-то под надписью Information. Но пусть вас это не смущает. Там действительно можно спросить, как лучше куда-то добраться. А заодно и билет купить.

Только помните, что выгоднее покупать не один билет стоимостью 1,7 евро, а сразу десять (carnet по-французски), что обойдется вам значительно дешевле.

С автоматами все довольно непросто, посмотрите, как покупают другие, или попросите помощи. Французы – люди любезные, обязательно помогут.

Всегда имейте с собой карту метро (обычно она на обратной стороне плана города). Если что, план метро есть при входе, как и план прилегающего городского квартала.

Но помните, что нигде внутри метро полного плана линий метрополитена вы уже не найдете. Поэтому, смотрите заранее.

Парижское метро насчитывает 14 линий, обозначенных на карте разными цветами. То, что Вам нужно знать заранее – это название конечной станции линии метро, в сторону которой вы едете.

Потому что при входе, после того, как вы засунули билетик в автомат и вытащили его проштампованным, будут стрелками указаны различные направления двух конечных станций данной линии.

Идем по стрелке с нужной нам надписью и попадаем на перрон. В парижском метро два перрона, а между ними — рельсы для поездов в обоих направлениях. То есть все в точности наоборот, по сравнению с московским вариантом, где один перрон и железнодорожные рельсы с обеих сторон.

Садимся в вагон и едем до нужной нам станции, посматривая в окошко. Названия станций написаны крупно на стене, следите внимательно, их не объявляют, кроме 1 и 4 линий.

Зато перегоны обычно очень короткие, расстояние между станциями метров пятьсот, что очень удобно – ближайшая станция всегда рядом.

Надеюсь, теперь вы имеете представление о том, как пользоваться метро в Париже.

Округа Парижа на карте

Давайте посмотрим округа Парижа на карте, чтобы вам легче было ориентироваться при осмотре достопримечательностей и при выборе отеля.

Округов в Париже на карте всего двадцать.

Отсчет начинается с первого округа на правом берегу Сены.

В территориальные границы этого округа входит часть острова Сите, откуда исторически начинался Париж и где ныне расположен собор Нотр-Дам.

Далее номера округов идут словно по спирали, закрученной по часовой стрелки.

Округа 1 и 4, а также 5 и 6, расположенные вдоль реки, относятся к самой старой части города, где еще можно найти остатки римского владычества.

Эти районы полны достопримечательностей и пользуются огромным спросом у туристов. Ну и цены на проживание здесь соответствующие.

Лувр и сад Тюильри, квартал Маре, Латинский квартал, Сен-Жермен-де-Пре, Люксембургский сад – это лишь часть из самых известных мест в этих округах.

В 7 округе Парижа расположен самый знаменитый символ французской столицы – Эйфелева башня, столько раз виденная на всевозможных фото, открытках и сувенирах, что поневоле возникает чувство дежа вю.

И все равно, увидеть ее воочию – совсем другое дело, а вид Парижа с высоты представляет собой удивительное и вдохновенное зрелище.

8 парижский округ знаменит своими Елисейскими полями, одной из самых шикарных авеню мира. Здесь же неподалеку и 16 – тихий, богатый и не особо посещаемый туристами округ.

В 9 округе вы встретите множество русских туристов, здесь много недорогих отелей, кафе, магазинов.

Кстати, роскошное здание парижской Оперы и популярнейший универмаг Галери Лафайет также расположены в этом районе.

Часто предлагаются отели в районе Монмартра, который относится к 18 округу. Квартал этот мной горячо любим, узкие улочки, завораживающий вид с холма. Но у его подножия много увеселительных заведений для взрослых, и вечером там не слишком приятно.

Если вы едите в Париж впервые, я бы не рекомендовала селиться в округах с двузначными номерами, если только, конечно, вы можете позволить себе шикарный 16 округ.

А съездив один раз, вы уже решите сами, где вы хотите жить в Париже.

Кстати, район Дефанс чисто административно находится за пределами Парижа, хотя туда ходит метро.

Как узнать в каком округе находится отель, который вы для себя присмотрели? Надо просто взглянуть на индекс в его адресе, на любом сайте отеля он написан. Две последние цифры в индексе означают номер округа. Например, 75008 Paris будет означать, что отель расположен в 8 округе.

Также в Париже на табличках с улицами и номерами домов обычно указывают и номер округа.

Так что, с округами Парижа на карте разобраться совсем не сложно.

Улицы Парижа

Много чего можно рассказать об улицах Парижа.

Несмотря на капитальные преобразования французской столицы, произведенные бароном Османов в 19 веке (кстати, в его честь тоже названа улица, вернее, бульвар Османа), Париж во многом сохранил средневековую планировку.

Безусловно, есть улицы Парижа большие и знаменитые, названия которых известны всем, и даже тем, кто никогда там не был.

Слова Елисейские поля, Большие бульвары, бульвар Сен-Жермен или Сен-Мишель, многократно встречающиеся в литературе, кино, прессе, ласкают слух и отдают истинно парижским шармом.

Елисейские поля или улица Риволи давно стали брендами, если так можно выразиться.

Все это большие просторные улицы с интенсивным автомобильным движением, большим количеством магазинов, кафе, ресторанов.

А вот самой длинной улицей Парижа, является улица с названием, пожалуй, не слишком известной широкой общественности – улица Вожирар.

Длина ее составляет 4,3 километра, она тянется по Левому берегу от Люксембургского сада, как раз по тому пути, где когда-то проходила древняя римская дорога.

Итак, город пересекают просторные улицы и бульвары, а между ними, как и лет 500 назад, вы можете очутиться в лабиринте очаровательных парижских улочек.

Меня всегда поражает ширина тротуаров таких улиц. Где-то она составляет метра два, а в квартале Маре и того меньше – примерно около метра. Часто одному из прохожих приходится сходить на мостовую, если нужно разминуться с другим.

Другая интересная особенность улиц Парижа состоит в том, что по краю тротуара практически всех таких улиц стоят столбики, высотой сантиметров 80, наверное. Это сделано для того, чтобы машины не могли припарковаться на и без того узких тротуарах.

Да, автомобилистам в Париже не позавидуешь, поэтому машины, в основном, здесь у всех довольно маленькие, и часто рассчитанные только на двух человек.

Кстати, самая коротенькая улица Парижа длиной чуть больше 5 метров, улица Дегре (непонятно почему вообще именуемая улицей) является на самом деле просто лестницей между двумя глухими стенами домов.

И еще одна отличительная черта улиц, пожалуй, всех французских городов, а не только Парижа, это столики кафе, вынесенные на тротуар. Причем часто улицы эти совсем не широки, и Вы сидите просто на тротуаре.

Так что выбирайте, где гулять – по одной из 12 прекрасных, но немного скучноватых авеню, расходящихся веером от площади Звезды, ширина авеню Фош составляет около 120 метров.

Или по одной из таинственных узких улиц Парижа, которых так много и в 9-ом округе, и в Маре, и на острове Сите, стоит вам сделать пару шагов в сторону от Нотр-Дам.

Глава II

Районы Парижа

Остров Сите в Париже

Остров в Париже, который официально называется островом Сите, имеет еще множество романтических названий.

Как его только не наименовали поэты и художники, гиды и путеводители – это и сердце Парижа, и колыбель его, и место, откуда начиналась вся история этого древнего города.

И ведь все они абсолютно правы! Но на самом деле, островов в Париже два, просто остров Сите – более известный. Когда-то давно на острове посередине Сены обосновалось племя паризеев, что, по всей видимости, и дало название городу.

La Cité является одним из островов в историческом центре Парижа и местонахождением целого ряда исторических памятников и административных зданий, включая собор Нотр Дам и Сент Шапель.

Рядом с ним находится остров Сен-Луи размером поменьше, да и по количеству достопримечательностей не такой прославленный. Это просто еще один очень старый квартал Парижа, в котором больше жилых домов, магазинов, ресторанов и небольших гостиниц.

Зато уж остров Сите славой не был обделен никогда. В 12 веке началось на нем возведение грандиозного собора, посвященного Парижской Божьей Матери и продолжавшееся несколько веков.

И сейчас Собор Нотр Дам является классическим образцом французской готической архитектуры со своими скульптурами и витражами и считается одним из прекраснейших соборов Европы.

Вокруг собора сохранился лабиринт средневековых улочек, будет время – побродите обязательно. Там течет совсем иная, нетуристическая жизнь.

Можно подняться на крышу собора, пообщаться с горгульями и химерами, только учтите – желающих предостаточно, и в очереди придется провести довольно много времени. Но вид с высоты на Париж того стоит.

Здесь же на острове находится чудесная церковь Сен-Шапель, здание Консьержери, одна из самых известных городских больниц, здания Дворца правосудия и полиции. Именно сюда на набережную Орфевр ходил на работу знаменитый комиссар Мегрэ.

Честно признаться, если поставить себе цель осмотреть все достопримечательности острова, а заодно заглянуть и на соседний остров Сен-Луи, то на это у вас точно уйдет целый день.

Словом, остров в Париже на реке Сене вы никак не минуете в своих прогулках по этому чудесному городу.

Монмартр

Монмартр в Париже – одно из самых очаровательных мест, посещаемых практически всеми туристами, и это один из самых горячо любимых районов лично мною.

Монмартр в Париже расположен в северной его части, находится на холме и может похвастаться не только одним из самых красивых видов на город, но и обилием достопримечательностей и просто интересных мест.

Надо сказать, что в отличии от многих других районов Парижа, ничего особо древнего вы здесь не найдете.

Это и неудивительно, ведь Монмартр был присоединен к городской территории и стал 18 округом Парижа лишь в середине позапрошлого века.

А до этого был лишь деревушкой на окраине, но непередаваемое очарование сельской местности, какой-то особый дух, столь любимый художниками, да и вообще всеми творческими людьми, притягивал сюда богему, а затем и простых смертных.

В девятнадцатом и начале двадцатого веков Монмартр был маяком живописи, с участием художников, таких как Писсарро, Тулуз-Лотрек, Стейнлен, Ван Гог, Модильяни, Пикассо, Утрилло.

Что можно увидеть на Монмартре в Париже?

Вы можете обнаружить дом Далиды на улице Orchampt, Мулен де ла Галетт на улице Лепик, кабаре Le Lapin Agile, Музей виноградника Монмартра, Розовый дом, базилику Святого Сердца (к которой можно подняться на фуникулере), музей Дали и музей Монмартра, Монмартрское кладбище и еще множество других интересных вещей.

И сегодня на площади Тертр, расположенной в нескольких шагах от базилики Сакре Кер, вы найдете множество художников и карикатуристов, готовых за очень приличные деньги нарисовать ваш портрет.

На этой площади всегда слишком много народу, а цены в кафе поражают воображение, обычно не соответствуя качеству. Так что лучше отойти от проторенной дорожки и побродить самостоятельно по чудесным переулкам, поднимаясь и спускаясь по знаменитым монмартрским лестницам.

Виноградники Монмартра посадил художник Пульбо с друзьями в 1932 году прямо в пределах городской четы, что само по себе довольно необычно.

На площади в 1,5 тысячи м² культивируют 27 сортов винограда — 75% Гаме, 20% Пино, немного белого Совиньона, Рислинг.

Урожай составляет около тысячи килограммов. Сбор производят осенью прямо в нескольких шагах от домов и гонят вино.

Проворный кролик (Le Lapin Agile) является одним из старейших кабаре Парижа. Крошечное здание, расположенное в верхней части Монмартра на улице Соль было спасено от разрушения Аристидом Брюаном в 1900 году.

Кабаре берет свое название от вывески, сделанной карикатуристом André Gill, который нарисовал на внешней стене кролика, убегающего из горшка.

Это кабаре видело много артистов, художников, певцов и поэтов конца девятнадцатого и двадцатого веков, таких как Аполлинер, Франсис Карко, Морис Утрилло, Модильяни, Пикассо.

Бюст знаменитой певицы и актрисы Далиды установлен в нескольких шагах от дома, где она жила на улице Оршан.

Пользуется популярностью и необычная скульптура человека, проходящего сквозь стену.

Туристы любят жать ему руку, загадывая желания.

Этот литературный персонаж писателя Марселя Эмме был создан не скульптором, а актером Жаном Маре.

Латинский квартал

Мне очень нравится Латинский квартал в Париже, и для меня это один из самых любимых и привлекательных районов французской столицы.

Ведь Латинский квартал всегда заполнен туристами и студентами, и здесь, как нигде, вас ожидает гармоничное соединение старины, истории и обычной повседневной жизни.

Латинским квартал называется потому, что здесь учили студентов на латыни, ведь Сорбонна – один из первых в Европе университетов, основанный (подумать только) в 13 веке!

Этот квартал – один из самых старых во французской столице, здесь сохранились узкие средневековые улочки, которые никто даже и не пытался переименовывать за последние пятьсот лет.

Например, улица Юшет, улица де ла Арп или улица Кота-Рыболова, последняя – просто узенький проход между домами, ведущий на набережную. И можно только догадываться, почему когда-то эту крошечную улочку назвали именно так.

На этих улочках вокруг старинной церкви Сен-Северен вы найдете множество кафе и ресторанчиков, цены в которых постоянно растут, несмотря на то, что еда в Латинском квартале традиционно считалась недорогой.

Ну а если есть вы не хотите, то можете прогуляться по уютной набережной Монтебелло, рассматривая товар в букинистических лавках вдоль Сены.

А можете посидеть в маленьком скверике Вивиани, откуда открывается чудесный обзор на башни собора Нотр Дам, и где растет самое старое в Париже дерево, о чем вас уведомит соответствующая табличка.

Здесь же рядом находится один из немногих сохранившихся в Париже фахверковых домов.

Центральной улицей квартала считается бульвар Сен-Мишель, в самом начале которого расположен знаменитый фонтан Сен-Мишель – неизменное место встречи студентов, туристов и влюбленных.

Сам бульвар тоже необыкновенно хорош, с оживленным пешеходным и автомобильным движением, платанами и лавками по краям дороги и множеством магазинов, зайти в которые рекомендую обязательно, особенно в период распродаж.

Ну а на пересечение бульваров Сен-Мишель и Сен-Жермен вы найдете метро, вездесущий Макдональдс и музей средневековья Клюни.

Идя по бульвару вверх, по направлению от Сены, с левой стороны вы найдете небольшую уютную площадь со скульптурами, фонтанами, кафе и церковью Сорбонны.

Немного далее, но уже с правой стороны вы увидите решетку прекрасного Люксембургского сада, где можно посидеть, давая отдых усталым ногам. Кажется, здесь тоже ничего особо не изменилось за последнюю сотню лет.

Все также тихо плещется вода в фонтане Медичи с гротом, дети в пруду пускают кораблики, а часы на фасаде старинного Люксембургского дворца отсчитывают время политической жизни – там заседает Сенат.

Свернув с бульвара Сен-Мишель налево по улице Суфло, вы попадете к Пантеону – величественному зданию в стиле классицизма, служащему усыпальницей великих людей.

Так или иначе, но на прогулку по Латинскому кварталу в Париже нужно выделить хотя бы один полный день, и очень надеюсь, что вам захочется вернуться туда снова.

Квартал Маре

Я считаю, вы не можете поехать во французскую столицу и пропустить квартал Маре в Париже.

Конечно, это несколько другая архитектура по сравнению с Большими бульварами или Елисейскими полями.

Старинный квартал Маре в Париже – это небольшие кривые средневековые переулки, бары, рестораны, отели, модные бутики, магазины, студии дизайнеров.

А также старомодные хлебопекарни, магазины ювелирных изделий, винные магазины, модные галереи и известные музеи — все ютятся в одной маленькой области.

Гиды почему-то не особенно рассказывают об этом квартале, само название которого означает «болото», которое когда-то и было на этом месте.

А я его очень люблю, потому что, где еще вы получите ощущение средневекового Парижа и увидите множество старинных зданий и улиц, оставшихся почти нетронутыми последние полтысячелетия.

Маре меньше пострадал от градостроительных перемен, чем любой другой квартал в Париже.

Беглый взгляд на некоторые из красивейших зданий и домов указывает на богатый статус бывших владельцев.

После революции большая часть территории была оставлена богатыми семьями, и заселена представителями бедной богемы.

Одно время район считался таким убогим, что чуть не был разрушен городскими чиновниками, которые хотели модернизировать Париж. Кажется, этого удалось избежать только с началом Первой мировой войны.

Посещая Маре в Париже, вы должны иметь в виду, что когда-то весь Париж так примерно и выглядел — лабиринт мощеных переулков.

Маре является также самым известным еврейским кварталом в Париже и в большей части Европы, сохраняя сильные традиции.

Если вам интересно погулять в еврейском квартале — просто пройдитесь по улице Розье. Это было место самой большой еврейской общины в Европе, но 75% населения трагически погибло в концентрационных лагерях.

Сегодня улицы полны магазинами, булочными, старыми турецкими банями и восточноевропейскими еврейскими ресторанчиками. Я бы рекомендовала гулять здесь в любой день, но не в субботу, когда все немного слишком тихо – шабат, однако!

Сегодня Маре также известен своими многочисленными художественными галереями и дизайнерскими магазинами. Чем ближе к Вогезской площади, тем все становится дороже – жилье, кафе, бутики, магазины. Представители богемы любят этот квартал, и теперь он отнюдь не дешев.

Здесь же находится музей Карнавале – музей города Парижа, расположенный в нескольких старинных особняках с прекраснейшим садом. К тому же, музей является бесплатным.

9 округ Парижа

9 округ Парижа, находящийся на правом берегу Сены, имеет общие границы с пятью другими парижскими округами: 2-ым, 8-ым, 10-ым, 17-ым и 18-ым.

Долгое время 9-ый округ Парижа оставался простым и провинциальным и был частью бывшей сельских районов Монмартра и Клиши.

И только в 19-ом веке район начинает оживать и становиться полноправным округом.

Сейчас этот округ Парижа многогранен и разнообразен. Он имеет как небольшие кварталы, так и престижные бульвары на юге, популярные магазинах и многочисленные банки.

Кроме того, культурные предложения также отличаются богатством и разнообразием, и не только знаменитой оперой Гарнье, но и большим количеством театров и кинотеатров.

9 округ очень высоко ценился парижским высшим обществом в конце 19 века, и до сих пор сохранил свою элегантность, особенно в архитектуре.

Основными транспортными артериями района являются Большие бульвары и длинная улица Лафайет. В остальном, 9 округ густо покрыт переплетением маленьких улочек. Однако к услугам гостей имеется 19 станций метро.

Конечно, центром жизни квартала и самой известной достопримечательностью является знаменитая опера – Опера Гарнье. Это самый важный символ стиля барокко 19 века, и одна из самых престижных опер в мире.

Храм лирического и хореографического искусства поражает своей великолепной архитектурой. Интерьер настолько роскошен, что его часто сравнивают с Версалем.

Ну и в качестве шутки – считается, что в его небольшом подземном озере находится тайник знаменитого Призрака Оперы.

Прямо за зданием оперы расположились знаменитые парижские магазины, всемирно известные храмы торговли – Галери Лафайет и Прентан,

Район Фобур-Монмартр — очень оживленный квартал. Здесь располагаются многочисленные отели для туристов, мелкие магазинчики, кафе, а также мюзик-холл Фоли-Бержер.

Район известен своими культурными мероприятиями, проводимыми в Парижской консерватории, и Отелем Друо — самым большим во всем мире аукционом. Это одно из самых важных мест на арт-рынке, особенно в области прикладного искусства, современного стиля, а также китайского и японского искусства.

Неподалеку располагается и Гревен — французский музей восковых фигур. Там вы можете обнаружить множество фигур различных знаменитостей.

Есть шанс найти себя нос к носу с символами Средневековья, а также с настоящими современными звездами.

Побродите по улочкам и бульварам 9 округа Парижа, откроете для себя много интересного.

Дефанс

На мой взгляд, могут быть две основные причины для посещения квартала Дефанс в Париже.

Вы – любитель современной архитектуры или хотите посетить один из крупнейших магазинов Парижа «Четыре сезона».

Строго говоря, квартал Дефанс административно находится за пределами округов Парижа, но туда можно легко добраться, воспользовавшись первой линией метро. Конечная станция так и называется La Défense.

Я этот район не очень жалую, но у вас может быть совершенно другое мнение на этот счет, ибо многим он очень даже нравится.

Выйдя из метро, вы, скорее всего, первым делом обратите внимание на гигантскую прямоугольную арку, которая отмечает конец Триумфального пути, оси восток-запад, соединяющей Лувр с Ла-Дефанс.

Арка была возведена в начале 1980-х, когда тогдашний президент Франсуа Миттеран затеял строительство грандиозных проектов, чтобы отпраздновать 200-летие Великой французской революции в 1989 году.

Эти проекты были направлены на активизацию городской жизни и развитие культуры. К ним относятся, в том числе, строительство пирамиды Лувра, Оперы Бастилии, Национальной библиотеки.

В то время квартал Ла Дефанс, возведенный в 60-е годы, был футуристическим деловым районом Парижа, застроенным небоскребами, часто лишенным жизни, особенно в выходные дни.

Его пустынной пейзаж нуждался в конкретных знаковых символах, которые могли бы привлечь посетителей, образовав новый городской центр и создав стиль для нового района.

Огромную арку, которая выглядит как гигантский полый куб, установили в конце центрального пешеходного плато, которое образует главный бульвар.

Она является третьей аркой на Триумфальном пути, прекрасно дополняя две исторических арки этой оси: Арку Карусель рядом с Лувром и Триумфальную арку.

В то время как эти арки были построены в честь празднования военных побед, новая арка подчеркивает важность района Дефанс (чье название переводится как оборона), в качестве финансового и делового центра Франции.

Знаменательно, что современная арка содержит 35 этажей офисных помещений.

Новая арка является достаточно большой, чтобы соответствовать собору Нотр-Дам. Структура поднимается на высоту 110 метров и имеет ширину 106 метров. Арка установлена на 6 градусов к оси по отношению к Триумфальному пути. На глаз это незаметно, но было вызвано техническими причинами. Внешний облик конструкции украшен белым каррарским мрамором, гранитом и стеклом.

Видимо, чтобы арка не выглядела такой скучной, внутри нее разместили палатко-подобную структуру, названную «облако». Оно было создано также для уменьшения сопротивления ветра, и достижения эффекта уменьшения, казалось бы, гигантских размеров арки.

До 2010 года можно было подняться на крышу арки, но потом возникли какие-то проблемы с лифтами.

Если стоять к ней лицом, то с левой стороны вы найдете торговый центр. Повернувшись спиной к арке, вы увидите весь парижский Манхэттен, как иногда называют этот район. Кому-то он нравится, кто-то считает, что это вообще нельзя назвать Парижем.

Но, чтобы составить собственное мнение, необходимо хотя бы разок посетить не совсем традиционный квартал Дефанс.

Глава III

Достопримечательности Парижа

Куда сходить в Париже?

Первый визит в Париж может оказаться неожиданно сложным, просто из-за вопроса: куда сходить в Париже?

Вы, кажется, натыкаетесь на историю и красоту на каждом углу, и, может быть, трудно выбрать, куда сходить в Париже, прежде всего.

Имея в своем распоряжение каких-то 7-10 дней, а иногда и того меньше, очень непросто принять решение, куда сходить в Париже.

Вы можете столкнуться с длинным списком музеев и памятников, которые, по всеобщему убеждению, просто обязательны к посещению.

Существует, конечно, топ 10 самых посещаемых или привлекательных мест Парижа, и я их вам перечислю. Но прежде, чем делать это, хотелось бы заметить, что вы едете в Париж для себя, а не выполнять принятую кем-то обязательную программу.

1. Чтобы узнать Лувр, вам придется потратить всю жизнь. Тем не менее, надо с чего-то начинать.

Не забывая о Моне Лизе и Венере Милосской, посмотрев работы других всемирно известных гениев, помните, что сам дворец является настоящим чудом и свидетелем богатой истории, простирающейся от средневековья до настоящего времени.

2. Первая поездка в Париж обычно не обходится без визита в один из самых особых и красивых соборов Европы, Нотр-Дам де Пари. От его драматических башен, шпилей, витражей и скульптур гарантированно захватывает дух. Лично я прихожу к нему каждый раз.

3. Эйфелева башня является широко растиражированным символом Парижа. И туда действительно очень интересно сходить. Клише? Может быть. Но это не важно.

4. Музей d'Orsay – один из моих самых любимых, я обожаю импрессионистов. Основные произведения Ван Гога, Ренуара, Делакруа, Мане, Дега и другие ждут и вас тоже.

5. Сорбонна является историческим центром и душой Латинского квартала. Насладитесь обедом или просто кофе на террасе кафе, прежде чем исследовать лабиринт улочек Латинского квартала.

6. Триумфальная арка служит грандиозным завершением Елисейских Полей.

7. Музей современного искусства Жоржа Помпиду, расположенный в районе Бобур, как ласково называют его местные жители, открыт в 1977 году. Он может понравиться вам или нет своей достаточно своеобразной архитектурой, все зависит от вкуса.

8. Но вот, что я действительно люблю, так это Монмартр, с его запутанными улочками, бесконечными лестницами и перепадами высот.

9 и 10. Последними двумя развлечениями в списке числятся катания на кораблике по Сене и посещение кладбища Пер-Лашез. Кажется, на последнее, ни у кого не хватает времени.

Так что, идите туда, куда сходить в Париже хотите лично вы, и получите удовольствие по полной. Ведь это ваше путешествие и ваш Париж.

Бульвары в Париже

Большие бульвары в Париже — обладающие необыкновенным шармом авеню, являются широкими дорогами, которые охватывают пространство от церкви Мадлен, идут через 2, 9, 10-ый округа и тянутся до площади Бастилии в 11-ом.

Многочисленные рестораны, магазины, театры, клубы и кафе создают непередаваемую атмосферу праздника, и, может быть, даже праздности на бульварах в Париже, привлекая и парижан, и туристов.

Широкие тротуары бульваров идеально подходит для наблюдения за гуляющими людьми, если вы долгое время предаетесь столь традиционному французскому занятию, как сидение с чашкой кофе или бокалом вина за столиком в кафе.

Столики вынесены на тротуар, и зачастую непонятно, кто же за кем наблюдает: фланирующие за сидящими в кафе или наоборот.

Впрочем, это и есть неотъемлемая и столь приятная составляющая французской жизни.

Но вернемся к Большим бульварам. Официально их восемь: бульвар Мадлен, бульвар Капуцинок (ах, как любим он был импрессионистами!), Итальянский бульвар, бульвар Монмартр (только не путайте с районом Монмартр, до него довольно далеко отсюда) и бульвары возможно не столь шикарные – Пуассоньер, Бон Нувель, Сен-Дени и Сен-Мартен.

Структурно Париж оставался средневековым городом до 1852 года, когда началось превращение столицы в нечто более современное по заказу тогдашнего императора Наполеона III.

Для осуществления грандиозного проекта был назначен барон Жорж Осман, реструктурировавший бульвары, придав им характерный вид: улицы длинные и прямые, с широкими тротуарами. Новая структура бульваров сделали их центром театральной, культурной и очень модной жизни Парижа.

Соскучились по покупкам в Париже? Или просто нужно место, чтобы укрыться от дождя? В любом случае, вы можете заглянуть в великолепные старинные пассажи девятнадцатого века.

Со стеклянной крышей и полами, выложенными плиткой, причудливыми магазинами и ресторанами внутри, это как раз то, что нужно, чтобы окунуться в атмосферу бель-эпок.

Пассаж Jouffroy рядом с метро Гран бульвар – это чайные комнаты в старом стиле, антикварные и книжные магазины. Это идеальное место для покупки подарков или поиска памятных вещей прекрасной эпохи в истории Парижа.

На больших бульварах вы найдете Музей Гревен – парижский эквивалент музея мадам Тюссо, который является одним из старейших музеев восковых фигур в Европе и может похвастаться наличием 300 работ.

Кинотеатр Le Grand Rex на бульваре Пуассоньер, старейший в Париже, является одним из самых желанных мест для кинопремьер в городе в силу своего легендарного статуса.

Есть еще множество интереснейших вещей в районе Больших бульваров в Париже, обязательно посетите их.

Где Эйфелева башня?

Где находится Эйфелева башня? Во Франции, конечно, в Париже.

Даже если вы не знаете, где находится Эйфелева башня, этот всемирно известный объект, то вы увидите ее вершину почти со всех уголков и половины улиц Парижа.

Еще в 19 веке Париж был местом проведения нескольких мировых выставок.

Та, что состоялась в 1889 году на Марсовом поле, была предназначена, чтобы предложить людям что-то большее, чем обычно.

Она запомнилась, в первую очередь, возведением на берегу реки Сены, в пределах нынешнего седьмого округа Парижа, гигантской башни.

Созданная к столетию со дня революции, Эйфелева башня столкнулась с массовой оппозицией художественной и литературной элиты Парижа.

Едва не разрушенная в 1909 году, она была спасена, потому что оказалась идеальной платформой для передающих антенн, необходимых для радиотрансляций.

Башня имеет высоту в 324 метра, включая телевизионную антенну на конце. Эта цифра может меняться на целых 15 см, так как 7300 тонн железа башни, скрепленных двумя с половиной миллионами заклепок, могут расширяться в теплую погоду и сжиматься, когда холодно.

Три уровня открыты для посещения (подъем на 1-й уровень включен во все входные билеты), хотя самый высокий уровень иногда закрывается в сильный ветер.

Вы можете воспользоваться лифтом или, если чувствуете себя в форме, лестницей, добравшись пешком до 2-ой платформы.

Купив билеты заранее он-лайн, можно избежать монументальной очереди на кассе.

Самый простой и быстрый способ достичь Эйфелевой башни — воспользоваться метро. Есть две линии метро, которые вам подходят.

Если вы сели на линию номер 9, выходите на станции Трокадеро на противоположном берегу Сены. Путь от метро к башне является недлинным, а вид от Трокадеро просто фантастический.

Если вы используете линию метро 6, поезжайте до станции Bir-Hakeim. Эта линия проходит выше уровня земли и над рекой Сеной, так что вы сможете понять, где Эйфелева башня и насладиться ее видом прямо из вагона метро.

Вандомская площадь

Если вы спросите меня, какую площадь я люблю больше всего, мой ответ будет однозначным – Вандомскую площадь в Париже.

И вовсе не потому, что Вандомская площадь в Париже является одним из самых престижных архитектурных ансамблей французской столицы и мировым символом роскоши и успеха.

Хотя, все это, конечно, правда.

Я люблю эту площадь больше, чем огромную площадь Согласия с ее фонтанами, скульптурными группами и роскошными видами – хотя это, безусловно, очень красивое место.

Но Вандомская площадь покорила меня с первого же взгляда, с первого посещения Парижа. Площадь имеет восьмиугольную форму и представляет собой достаточно закрытое пространство.

На нее можно попасть только с двух улиц, расположенных в противоположных концах площади – знаменитой улицы de la Paix и улицы Кастильоне.

Площадь обрамляют здания, построенные примерно в одинаковом стиле, что создает потрясающую гармонию в архитектуре.

Внешне неброские и вроде бы не особенно роскошные, здания эти, как шкатулки с драгоценностями — надо знать содержимое, чтобы оценить подлинную стоимость. И каждое со своей богатой историей, событиями, персонажами ушедших эпох.

Площадь была построена каких-то триста лет назад, что для Парижа, как вы понимаете, вообще не возраст.

Архитектором был Жюль Ардуэн-Мансар (слово мансарда как раз от его фамилии произошло), который построил большую часть Версальского дворца.

А создана площадь была во славу Людовика XIV, Короля-Солнца, чья статуя и красовалась посередине до самой революции.

Если подумать, то сама идея архитектуры Вандомская площадь Парижа больше всего перекликается с Вогезской площадью – то же замкнутое пространство, те же здания в одном стиле. Только Вогезская гораздо старше.

Словно для того, чтобы конкурировать с площадью Вогезов, архитектор заполнил площадь зданиями с арками, высокими окнами второго этажа и мансардами.

Сегодня посередине площади высится 44-метровая Вандомская колонна, возведенная Наполеоном, моделирующая колонну Траяна в Риме. Она была построена в честь победы под Аустерлицем в 1805 году, считающейся одной из величайших побед императора.

На данный момент, Вандомская площадь в Париже известна более всего как сосредоточение роскошных ювелирных магазинов и месторасположение одного из самых престижных отелей в мире, отеля Риц, хотя внешне, возможно, он и не выглядит таковым.

Именами знаменитых гостей отеля названы некоторые гостиничные номера. Великая Коко Шанель прожила в Рице много лет, другого дома у нее не было. Бар назван в честь одного из завсегдатаев – писателя Эрнеста Хемингуэя.

Леди Диана отправилась отсюда в свою роковую последнюю поездку.

А если вспомнить более давние события, то в одном из домов на площади жила Жорж Санд, в доме под номером 12 жил и умер Шопен, да еще много чего происходило в домах на этой площади.

Приходите на Вандомскую площадь в Париже, посмотрите все сами, прикоснитесь к истории.

Улица Риволи

Улица Риволи в Париже является одной из самых шикарных, красивых и больших улиц французской столицы, протянувшейся более чем на три километра.

Расположенная на правом берегу Сены, улица Риволи в Париже, пролегает параллельно реке и проходит по территории 1 и 4 округов.

В отличии от многих древних и старинных улиц столицы, история которых теряется в веках, дату начала строительства этой улицы мы можем назвать довольно точно.

Улица, являющаяся как бы продолжением Елисейских полей, была проложена по приказу Наполеона в 1806 году и названа в честь победы императора над австрийской армией в битве при Риволи.

Улица была продлена несколько позднее королем Карлом X и королем Луи-Филиппом. Окончательное расширение улицы в квартале Марэ было сделаноимператором Наполеоном III.

Архитектура улицы Риволи в Париже представляет собой смесь традиционализма, с его памятниками и площадями, и модернизма, с его современной проектировкой зданий.

Каждый из домов, выстроившихся вдоль улицы, имеет одинаковый фасад, оставляя впечатление бесконечного ряда домов. Аркады вдоль улицы напоминают нам о любви Наполеона к Италии и ее архитектуре.

Интересно отметить, что Наполеон хотел создать роскошный проспект, приняв постановление, запрещающее находится здесь определенным производителям еды, (мясникам, например) или любой деятельности, требующей использование печи, а также тех, кто нуждается в работе с молотом.

Может, поэтому и сегодня улица Риволи является одной из самых известных торговых улиц в Париже, которая проходит параллельно с садом Тюильри и Лувром. На улице множество известных магазинов, которые носят названия самых модных брендов в мире.

Под аркадами, особенно напротив Лувра, располагается большое количество сувенирных лавочек, а на самой улице можно найти множество культурных и исторических памятников.

Позолоченную конную статую Жанны д'Арк вы можете увидеть на маленькой прямоугольной площади Пирамид недалеко от того места, где она была ранена во время ее неудачного нападения на британцев, удерживающих Париж, 8 сентября 1429 года.

Примерно напротив середины Лувра, Пляс дю Пале-Рояль ведет во дворец кардинала де Ришелье, который он завещал королевской семьи и который теперь так и называется Пале-Рояль. Теперь тут заседает Государственный совет. Здесь же рядом вы можете найти здание Комеди Франсес.

На улице сохранились отели традиционно высокого качества. Немецкий командир Дитрих фон Хольтиц, не подчинившейся приказу Гитлера сжечь город, был захвачен в своей штаб-квартире в отеле Meurisse 25 августа 1944.

Интересно, кажется, не так уж и много произошло изменений на улице Риволи в Париже с 19-го века, как вы можете судить по старинным фотографиям и открыткам.

Триумфальная арка

Расположенная на одном конце самой знаменитой авеню мира - Елисейских полей, Триумфальная арка в Париже старше, чем Эйфелева башня, но является относительным новшеством в традиции радоваться военным победам посредством строительства арки.

Хотя, конечно, римляне сделали это гораздо раньше, и именно Арка Тита вдохновила Наполеона на строительство Триумфальной арки в Париже.

Строительство началось в начале 19-го века как дань «Великой армии» Наполеона. Однако арка была закончена только в 1836 году, спустя 30 лет. К тому времени, Наполеона уже не было в живых, чтобы отпраздновать завершение грандиозной стройки.

А ведь великий император надеялся, что арка будет возведена еще до его женитьбы на Марии-Луизе.

Большим надеждам не суждено было сбыться, как это случается в жизни сплошь и рядом.

Но арка заняла свое достойное место среди самых посещаемых архитектурных символов французской столицы — Эйфелевой башни и собора Нотр-Дам .

Могила Неизвестного солдата была добавлена в 1921 году. «Вечный огонь» зажигается снова и снова каждый вечер в половине седьмого.

Если вы не выдержали толпы при посещении Эйфелевой башни, то Триумфальная арка в Париже может быть хорошей альтернативой.

Это, кстати, может оказаться и дешевле, если вы путешествуете с детьми. Дети и подростки до 17 лет проходят бесплатно.

Посетители могут подняться по ступенькам к вершине арки и увидеть центральную ось Парижа, начиная с арки в квартале Дефанс, затем авеню Великой Армии, весь путь по Елисейским полям, затем площадь Конкорд, Тюильри, Лувр и далеко на расстоянии — площадь Бастилии.

Но прежде, чем увидеть всю эту красоту, вы можете спросить себя, а как, собственно, попасть к самой арке? Вот вы стоите на тротуаре и лицезреете арку посередине круглой площади Звезды, по которой мчится сумасшедший круговорот машин.

Самое главное, даже не думаете подбежать к Триумфальной арке для фотосессии под носом у машин. Подземный переход резко увеличивает ваши шансы остаться в живых.

На арку можно попасть на лифте, а потом еще немного по ступенькам, или сразу по винтовой лестнице, но тогда вам придется преодолеть все 286 штук.

Учтите, что высота арки составляет около пятидесяти метров. Впрочем, вид с высоты стоит потраченных усилий.

И на всякий случай: до Триумфальной арке в Париже можно добраться на метро: линии 1, 2 и 6, станция Шарль де Голль-Этуаль.

Площадь Бастилии

Только не ищите крепость Бастилию на площади Бастилии в Париже в 4-м округе!

А ведь почти каждый из нас знает историю крепости, которая по логике вещей должна находиться на площади Бастилии в Париже.

Многим хочется на нее посмотреть – ведь это, как никак, символ начала Великой французской революции, которая изменит навсегда французское общество и глобальную политическую обстановку в мире на годы вперед.

Однако крепости больше нет. Ныне лишь маркировка на бульваре Генриха IV показывает, где было расположено бывшее здание.

Но если вы прибываете на метро на площадь Бастилии, то погружается прямо в историю. Там вы можете увидеть некоторые остатки руин древней крепости Бастилии, которая служила тюрьмой во времена абсолютистского режима старой монархии.

Сегодня почти невозможно представить себе размеры того огромного замка, построенного в 1369-1380 годах, стоя в настоящее время на его месте.

После поражения французов при Пуатье в 1356 году и в течение ста лет войны с Англией, была потребность в постройке оплота для защиты Парижа от вторжения.

Крепость, известная как Бастилия, представляла собой массивное сооружение, имеющее стены толщиной четыре метра и восемь башен высотой 22 метра.

Крепость стала символом власти, а затем была превращена в тюрьму при Ришелье, как вы, возможно, помните хотя бы из романов Дюма.

Большинство заключенных числились врагами власти, отправленными в тюрьму по простому указу с печатью короля. Некоторыми из самых известных были мыслитель Вольтер, Фуке и маркиз де Сад. Не знаю, сильно ли страдал последний или находил в этом свое извращенное удовольствие?

У Бастилии была очень плохая репутация, но реально там было мало заключенных, а содержание и лечение было лучше, чем в других тюрьмах. Однако, крепость считалась символом произвола монархии.

Именно поэтому ее снесли в приступе революционного гнева, не оставив камня на камне. И теперь взятие Бастилии знаменует собой начало французской революции и отмечается каждый год 14 июля как национальный праздник с 1860 года.

А сама площадь Бастилии в Париже был создана позже, в 1803 году. Она включала в себя фонтан в виде слона, о котором упоминал Виктор Гюго в романе «Отверженные». 24-х метровый фонтан был удален в 1847 году.

А памятник, что еще стоит на площади — Июльская Колонна, как память о другой революции 1830 года. 52-х метровая колонна чтит память 504 погибших во время трех дней революции.

Что еще интересного на площади Бастилии? Пожалуй, новое здание оперы, которое должно было продемонстрировать современность и демократичность в отличие от аристократической Опера Garnier в 9-м округе Парижа.

Добраться до площади Бастилии в Париже совсем несложно, станция метро la place de la Bastille, линии 1, 5, 8.

Башня Монпарнас

Башня Монпарнас в Париже вызывает самые противоречивые отклики в душе парижан и туристов.

Кто-то считает ее уродливым монстром, а кто-то просто современным небоскребом, с которого открывается один из самых удивительных и захватывающих видов на Париж.

Вызывает ли Башня Монпарнас в Париже у вас душевный диссонанс или нет, нельзя не признать, что это довольно популярный туристический аттракцион, который выбирают многие, чтобы не толкаться в очереди у Эйфелевой башни.

Париж, считающийся одним из самых красивых городов в мире, отличается непрерывностью и преемственностью в градостроительстве и архитектуре.

Начиная с 16 века и времен правления короля Генриха IV и до середины века 19-го, когда город подвергся основательной перепланировке бароном Османом, международные тенденции в архитектуры не особо повлияли на Париж.

Однако ситуация изменилась после последней Мировой войны, когда правительство начало поддерживать всякие новшества в архитектуре.

Проект затевался как реконструкция района и вокзала Монпарнас, а сама башня была возведена между 1969 и 1973 годами.

Первоначальная высота в 154 метра была увеличена разработчиками до 200 с лишним, хотя этот рост и не был официально утвержден.

Во время строительства башня была очень популярна как символ современного Парижа. Все стремительно изменилось, когда башня Монпарнас высотой 210 метров была завершена.

Общественное мнение резко повернулся против башни, по большей части потому, что она изменила линию горизонта и казалась чужеродным элементом в почти одинаковой по высоте городской застройке.

В настоящее время в Париже небоскребы строятся только на окраинах, в основном в районе Дефанс.

Сегодня отремонтированная башня Монпарнас в Париже предлагает посетителям потрясающий вид на город во всех направлениях с обзором в 360 градусов.

Всего за 38 секунд самый быстрый лифт в Европе вознесет вас на 56 этаж, но до 59 этажа и смотровой площадки придется идти по лестнице.

Иногда лучший способ познакомиться с метрополией, такой как Париж – это обзор с высоты. Находясь высоко-высоко над шумом и суетой, вы можете постоять на самой крыше столицы.

Чтобы попасть на башню, надо добраться до станции метро Монпарнас-Бьенвеню (линии 4, 6, 12, 13) и заплатить за вход 13 евро за взрослого.

Башня работает для посетителей с половины десятого утра до половины двенадцатого ночи, а в зимнее время – на час меньше.

Приезжайте и посмотрите сами на раскинувшийся внизу город с верхней площадки башни Монпарнас в Париже!

Катакомбы Парижа

Катакомбы Парижа не являются чем-то исключительным, так как подземные коммуникации имеются под многими старыми европейскими городами.

Однако тур по катакомбам Парижа является весьма популярной достопримечательностью в городе.

И хотя изначально они, конечно, не создавались с намерением быть туристическим объектом, катакомбы вызвали большой интерес у посетителей почти сразу же после их открытия.

Сегодня эти таинственные подземелья вызывают любопытство у туристов со всего мира, особенно у любителей чего-нибудь мистического и загадочного.

Если вам нравится идея посетить Катакомбы Парижа, то вы, возможно, также любите посещать могилы известных людей, например на кладбище Пер Лашез.

Катакомбы представляют собой лабиринт туннелей и склепов под улицами города, где парижане оставляли кости умерших в течение почти 30 лет. До создания катакомб в середине 1700-х годов, жители хоронили родных на кладбищах возле церкви, как это было принято в большинстве мест.

Но по мере роста города, на кладбищах стало не хватать места. Кроме того, неправильное методы захоронения часто приводили к загрязнению грунтовых вод и распространению болезней среди людей, живущих поблизости.

Таким образом, городские власти вынуждены были организовать переезд кладбищ в другое место.

Было принято решение использовать подземную часть карьеров Парижа, и кости с кладбищ Парижа были перемещены в подземелье между 1786 и 1788 годами.

Этот процесс был проведен с благословения и по усмотрению церкви. Тихий парад телег с костями сопровождался священниками, и эти движения всегда происходили ночью.

Карьеры продолжали использоваться в качестве точки сбора костей с кладбищ Парижа до 1814 года, и в настоящее время содержат останки примерно 6-7 миллионов парижан.

Туннели, которые составляют Парижские катакомбы, часто называют «лабиринтом», которые представляет собой очень запутанную систему, лишь небольшая часть которой открыта для посетителей.

Существует более 300 км туннелей, которые охватывают как левый, так и правый берега Сены. Туннели прошли капитальный ремонт в 2007-2008 годах, чтобы сделать их более доступными и безопасными.

Как туда попасть, спросите вы. Станция метро Данфер-Рошро, часы работы: со вторника по воскресенье, с 10 утра до 5 вечера (вход до 4 вечера).

Что нужно знать о посещении подземелья:

Визит в катакомбы может длиться от 45 минут до 1,5 часов, так что не забудьте выделить достаточно времени.

Это подземелье, так что оно достаточно холодное (как правило, около 14 C) – захватите свитер, даже в летнее время.

Туры охватывают примерно 2 км ходьбы, в том числе много шагов вверх и вниз, так что имейте это ввиду.

Дети до 14 лет не могут посещать катакомбы без взрослых.

Нет никаких туалетов в катакомбах, учтите это, прежде чем уйти в подполье!

Негде оставить вещи, поэтому все, что вы носите с собой, вам придется нести на протяжении всего визита.

Есть ограничение на количество людей, которые могут находиться в катакомбах за один раз, так что может быть ограничение визитов время от времени.

Такова основная информация о Катакомбах Париже, которые представляют собой лишь маленький уголок подземной системы туннелей.

Фуникулер на Монмартре

Фуникулер на Монмартре не только один из видов транспорта в Париже, но и удовольствие, доступное для путешественников.

Несмотря на то, что фуникулер на Монмартре, по существу, это трамвай, который движется вверх по склону холма, а не по плоской поверхности — и больше ничего — он остается источником развлечения для многочисленных туристов.

Фуникулер дебютировал летом 1900 года. Он был восстановлен еще два раза с тех пор, и в наши дни транспортирует около 2 миллионов человек каждый год вверх и вниз по холму Монмартр. Поездка в одну сторону занимает не более 1,5 минут.

Фуникулер соединяет станции на Монмартре между площадью Сен-Пьер внизу холма и станцией на Рю дю Кардинал-Дюбуа на вершине горы.

Верхняя станция находится очень близко к Сакре-Кер, однако, есть еще несколько лестниц, по которым придется подняться, чтобы попасть внутрь церкви, но фуникулер устраняет необходимость подниматься более чем на 200 ступеней по улице Foyatier.

Вы найдете этот милый монмартрский трамвайчик за деревьями с левой стороны, если стоять у подножия холма возле лестниц, ведущих прямо к Сакре Кер.

Фуникулером управляет RATP, которая является той же компанией, которая обеспечивает работу парижского метро и автобусов. Фуникулер считается частью станций метро.

А это означает, что вы не должны беспокоиться об отдельных билетах специально на фуникулер, вполне подойдут обычные билеты на метро.Чтобы попасть в кабину фуникулера, просто делайте тоже самое, что и в городском метро.

Есть стенды на обеих станциях, где можно купить билет, если у вас нет такового, но учтите, что они открыты не во все часы работы фуникулера.

Так что, если вы планируете поездку поздно ночью на вершину Монмартра, убедитесь, что у вас уже есть билеты.

Фуникулер Монмартра работает, начиная с 6 утра и заканчивая перевозку туристов в 12:45 ночи.

Фонтаны Парижа

Когда вы впервые попадаете во французскую столицу, то фонтаны Парижа вызывают неизменное чувство восхищения, наряду с другими многочисленными архитектурными памятниками города.

Ибо фонтаны Парижа – это тоже часть его истории, его красоты, его чудесного облика, которые заставляют трепетать сердца людей со всего мира.

Начнем обзор со старейшего парижского фонтана, называемого фонтаном Невинных, возведенного почти полтысячелетия назад в 1549 году и функционирующий до сих пор.

Архитектор Пьер Леско и скульптор Жан Гужон построили его по случаю вступления короля Генриха II в Париж.

Можно заметить восемь нимф, четыре льва и небольшой купол, изготовленный из металлических листов, которые имитируют рыбью чешую.

Он расположен на площади Иоахим дю Белле, возле торгового центра Форума де Halles, красивого сада и церкви Сен-Эсташ.

Один из самых впечатляющих и больших фонтанов Парижа расположен на обширнейшей площади Согласия. Два фонтана сталкиваются с каждой стороны от Луксорского обелиска на этом знаменитом месте.

Они были открыты с 1 мая 1840 Префектом Рамбюто и соответствуют морской тематике не случайно. На площади находится здание министерства военно-морского флота.

Монументальный фонтан Сен-Мишель имеет интересную особенность — его заднюю часть составляет стена. Учитывая близость Латинского квартала, здесь всегда очень оживленно и множество людей назначают свидания именно у этого фонтана. Правда, из-за толпы иногда бывает трудно найти друг друга.

Его строительство было заказано Османом, как часть его плана преобразования города. Скульптурная группа представляет собой борьбу добра со злом, убийство архангелом Михаилом дьявола и триумфальную арку в окружении крылатых химер.

Он был открыт 15 августа 1860 года и является архитектурным памятником с 16 марта 1926 года.

Фонтан Сен-Сюльпис в 6-ом округе расположен перед церковью с тем же названием, фонтан называется также фонтаном проповедников или епископов.

Действительно, он украшен четырьмя статуями католических епископов, известных проповедников времен Людовика XIV.

Фонтан построен в стиле Ренессанса с водопадами, образованными верхним бассейном с переливом.

Одним из самых романтических фонтанов является фонтан Медичи в Люксембургском саду.

Это один из наиболее приятных и успокаивающих больших садов в самом сердце Парижа.

Вытянутый в дину фонтан в итальянском стиле, спрятан под деревьями, что придает ему еще больше таинственного очарования.

Есть еще множество других фонтанов в Париже, известных и не очень, неожиданно возникающих перед вами на улице или в каком-нибудь парке, ходите, любуйтесь ими.

Кладбище Пер-Лашез

Ежегодно на кладбище Пер-Лашез приходит около полутора миллионов туристов.

Конечно, для кого-то может показаться несколько странным выбор кладбища Пер-Лашез в Париже как место для прогулок. Но что делает кладбище таким популярным? Люди, похороненные там, конечно!

На кладбище обрели последний приют множество людей с всемирно известными именами, любимые не только французами.

Это кладбище является очень известным во всем мире, самым большим в Париже, настолько, что вы рискуете там заблудиться.

Если заглянуть в историю, то мы обнаружим, что кладбище было названо по имени духовного наставника Людовика XIV отца де Ла Шеза. Однако реально кладбище было создано лишь в 1804 году, когда Наполеон постановил вынести захоронения за черту города.

Потребовалось некоторое время, прежде чем место стало популярным среди широкой общественности, так как кладбище находилось далеко от центра города.

Мудрые маркетологи (хотя, конечно, таких слов тогда никто не знал) разработали план, чтобы привлечь физических лиц для покупки участков на кладбище.

Была произведена передача останков писателей Мольера и Лафонтена на новое кладбище. Записи отмечают, что «население» кладбища быстро увеличилась после этого акта, потому что каждый желал быть похороненным здесь среди известных лиц.

Кладбище необыкновенно богато прекрасными скульптурами и красивыми склепами, так как каждая семья умершего и похороненного здесь пыталась перещеголять скульптуры и памятники, построенные другими богатыми семьями Парижа.

В результате мы можем любоваться многими захватывающими произведениями искусства, которые являются столь же интересными, как и личности захороненных здесь известных людей.

Хотя большинство людей, похороненных здесь, как-то связаны с Парижем и Францией, посетители узнают и некоторые не французские имена.

Лучше всего, взять карту, прежде чем входить на кладбище, чтобы найти какие-то конкретные могилы, представляющие интерес для вас или ваших спутников.

Трудно перечислить все имена, но вот лишь некоторые из них:

Могилы литературных деятелей, таких как Оноре де Бальзак, Виктор Гюго, Марсель Пруст, Оскар Уайльд, Гертруда Стайн, Оскар Уайльд.

Музыканты, похороненные здесь, включают Бизе, Шопена, Россини и Дюка, а также оперную певицу Марию Каллас и Эдит Пиаф, танцовщицу Айседору Дункан и американскую звезду Джима Моррисон.

Имена художников включают в себя Писсарро, Модильяни, Жака-Луи Давида, Макса Эрнста, Делакруа.

Если вы поклонник актеров, то найдите могилы Сары Бернар, Ива Монтана и Симоны Синьоре. Главный вход на кладбище Пер-Лашез расположен на бульваре Менильмонтан, недалеко от станции метро Пер-Лашез.

Канал Сен-Мартен

А знаете ли вы, что помимо реки Сены в Париже есть еще вполне судоходный канал Сен-Мартен, вырытый в начале 19 века?

Очень интересно, что часть канала Сен-Мартен заключена в подземелье, проходящее от площади Бастилии до окончания бульвара Ришар-Ленуар.

Все это безобразие с каналом пришлось сотворить во времена барона Османа и бурных градостроительных преобразований, когда канал мешал дорожному движению.

Долгие годы по нему ходили суда и баржи, доставляющие грузы в парижский порт.

Да, да, не удивляйтесь, Париж – это не только крупнейший железнодорожный узел и центр авиасообщений, но еще и порт.

Канал выходит наружу в 10-м округе Парижа, и, если вы вдруг решите прогуляться в этом районе, то увидите совсем не туристический Париж.

А я всегда стараюсь найти в Париже что-нибудь такое необычное, что туристам особо не рекламируют.

Вдоль узкого канала Сен-Мартен, обсаженного деревьями, идут набережные, атмосфера какая-то тихая, почти деревенская. Через канал перекинуты живописные деревянные мостики.

Мне было еще очень интересно посмотреть это место еще и потому, что здесь происходит действие одного из романов Сименона, который называется «Мегрэ ищет голову».

Иногда кажется, что за последние полстолетия здесь не особо, что и изменилось. Маленькие барчики, магазинчики, чуть подальше в переулке какие-то клошары, распивающие красное прямо на тротуаре.

Район небогатый, здесь в основном все местные, и только полицейский патруль проехал разок на велосипеде, приглядывая за порядком.

Честно говоря, раньше я не видела в Париже полицейских на велосипедах, и меня это порядком удивило.

Ну а по самому каналу теперь плавают только туристические кораблики. На канале создана система шлюзов еще 19 века, которые кораблик постепенно преодолевает, прежде чем погрузиться во тьму подземелья.

А выплывет он на свет Божий уже в районе площади Бастилии, где канал идет вровень с мостовой, а затем попадает в Сену и продолжит свой путь до музея Орсэ.

Посмотреть за процессом собираются те, кому особо нечем заняться: мамы и няни с детишками, праздные зеваки и такие случайные туристы, как мы.

Шум от воды стоит страшный, поэтому слышно друг друга не очень хорошо.

Если захотите вдруг чего-то необычного, не из списка, куда все должны сходить, стоит подумать о канале Сен-Мартен в Париже.

Новый мост

Новый мост в Париже (Pont-Neuf) во многом первый из современных мостов во французской столице и самый известный.

Сама конструкция Нового моста в Париже знаменует собой конец средневековья.

Благодаря прекрасному дизайну и отделке он является одной из главных особенностей грандиозной королевской архитектуры, которую можно найти вдоль Сены.

Мост как бы связывал Лувр, аббатство де Сен-Жермен (Saint-Germain Abbey) и Левый берег в королевские времена.

Три короля имеют отношение к строительству этого моста.

Первый камень был заложен Генрихом III в 1578 году в присутствии королевы-матери, Екатерины Медичи, хотя строительство было запланировано еще во время правления его отца Генриха II.

Реальные работы началась еще раз уже при Генрихе IV, который и открыл его 20 июня 1603 года. Имя, которым король окрестил мост, он носит и сегодня.

Мост был разработана командой из пяти архитекторов и состоит из двух секций, одна из них имеет пять арок и связывает остров Сите с левым берегом, другая — семь арок и ведет на правый берег.

Все полукруглые арки моста сделаны из кирпича, высота пролета составляет от 15 до 19 метров на большой ветви, от 10 до 16 метров на небольшой части.

Новый мост в Париже общей длиной 238 метров и шириной в 20 метров имеет интересную особенность в виде выступающих над водой полукруглых балконов. На них так удобно встречаться и фотографироваться, ибо с моста открываются прекрасные виды.

Надо поставить в заслугу королю еще и тот факт, что мост не был застроен домами по тогдашней традиции, а остался совершенно свободным для обзора и движения.

Ну а Статуя Генриха IV на коне стоит на небольшой площади на острове, на самой западной его оконечности, как бы символизируя связь между двумя частями моста.

Кстати, именно по просьбе Генриха IV, над второй аркой моста был возведен насос «La Samaritaine» (самаритянин), который предоставлял Лувру, саду Тюильри и окрестностям воду из Сены.

На его фасаде был барельеф из золоченой бронзы, изображающий встречу Христа и самарянина Иакова. Здание было увенчано колокольней и астрономическими часами, которые были снесены века спустя.

Парижане пришли в восторг от нового моста, и в течение следующих веков он стал признанным пунктом встреч. До сих пор множество людей назначают на нем свидания.

Однако времена изменились, Новый мост стал самым старым из столичных мостов. Назначьте и вы сами себе свидание на Новом мосту в Париже, хотя бы для встречи с этим чудесным городом.

Мост Александра III

Мост Александра III в Париже, вероятно, самый монументальный и красивый мост французской столицы.

Когда видишь его, то поневоле охватывает гордость, что Мост Александра III в Париже назван именем русского императора, а не какого-нибудь французского короля.

Впрочем, Россия всегда была тесно связана с Францией, и эта связь по-особому чувствуется в Париже, когда вы встречаете русские названия – Севастопольский бульвар или улица Сталинград, например.

Богато украшенный, с одной лишь аркой, перекинутый через Сену, открытый в 1900 году мост соединяет 7-ой и 8-ой округа Парижа.

Безупречно выбраны и месторасположение моста между Эспланадой Инвалидов, с одной стороны, и дворцом Grand Palais и с его необыкновенной архитектурой. Крупнейший из мостов, более чем 150 метров в длину и 40 — в ширину, для своего времени он явился чрезвычайно инновационным сооружением в строительстве.

Этот мост полностью сделан из металла, части его были заранее изготовлены в Ле-Крезо и собраны вместе в Париже.

Гигантские пилоны присутствует на каждой стороне моста по техническим причинам, они помогают компенсировать горизонтальную нагрузку в целом.

Но нам, прохожим, нет до этого никакого дела, мы видим одну только эстетику: эти красиво оформленные башни, каждая с двумя статуями, с основанием из камня, и с верхней частью, сделанной из золоченой бронзы.

На мосту Александра III в Париже восемь статуй в общей сложности, каждый из которых создана лучшими скульпторами того времени, которые внесли потрясающий вклад в оформление и красоту французской столицы.

На мосту горят 32 фонаря. Фонарные столбы необыкновенно красивы, со скульптурами ангелов. Мост был вполне справедливо классифицирован как исторический памятник в 1975 году.

Вы обязательно увидите этот мост, если собираетесь посетить Дом Инвалидов, на всякий случай метро: Invalides или Champs Elysees – Clemenceau.

Красота моста Александра III в Париже, которым так восхищаются во Франции и за рубежом, послужила источником вдохновения для многих мостов в мире.

Люксембургский сад

В хорошую погоду парижане всех возрастов и туристы приходят в Люксембургский сад Парижа.

Они располагаются на террасах и в платановых рощах Люксембургского сада в Париже, размером в 23 гектара, чтобы почитать, расслабиться и позагорать.

Для этого здесь есть не только традиционные скамейки, но и знаменитые железные стулья, причем разных форм и размеров – обычные, с укороченными задними ножками и в форме шезлонга.

Стулья довольно тяжелые, но их можно переносить туда, где вам больше нравиться, и сидеть часами с видом на центральный пруд или загорая на солнце.

Париж — довольно холодный летом город по нашим меркам, поэтому охотников за солнцем в саду полно.

Меньший по размеру, чем сад Тюильри, Люксембургский сад остается одним из лучших садов в Париже. Граничащий со зданием Сената, он украшен многочисленными статуями и предлагает много достопримечательностей.

Люксембургский дворец, на северном конце сада, был построен для Марии Медичи, супруги Генриха IV во флорентийском стиле. С 1958 года там размещается Французский Сенат.

Говорят, что интерьеры дворца потрясающе красивы, но экскурсии проводятся лишь в одну из суббот месяца, причем бронирование заранее обязательно.

Ну а в самом саду вы найдете большое количество памятников и статуй, различных деревьев, в том числе и пальмы в кадушках, убираемые на зиму в оранжерею. За линией деревьев на горизонте отчетливо видна громада башни Монпарнас.

В саду также находится фонтан Медичи, построенный в стиле итальянского грота еще в начале 17 века.

Фонтан расположен в конце пруда, окаймленного оградой с вазонами, откуда летом свешиваются благоухающие цветы. Фонтан в стиле барокко очень романтичен и навевает воспоминания об ушедшей эпохе.

Так и представляешь себе Ахматову с Модильяни, сидящими на какой-нибудь скамейке, прикрывшись зонтиком от любопытных взоров.

А по аллеям сада гуляли и Ленин с Троцким, обсуждая свои революционные проблемы.

А вообще в саду всегда многолюдно — кто-то бегает, приходят мамы с детьми, студенты после лекций, ведь Сорбонна совсем рядом.

Люксембургский сад в Париже посещаем окрестными жителями и туристами, его также любили писатели и художники: Бодлер, Верлен, Гюго, Жорж Санд, Бальзак, Хемингуэй, Сартр.

Сад Тюильри

Сад Тюильри является формальным французским садом, служа прекрасным местом для воскресного (и не только) променада парижан и многочисленных туристов.

Раскинувшейся между площадью Конкорд и музеем Лувр, сад Тюильри образует также великолепный фон для парижских набережных и улицы Риволи с ее изобилием магазинов.

Просторная центральная аллея обсажена тенистыми каштанами, обрамлена ухоженными газонами и оформлена на каждом конце декоративными бассейнами.

Сад заполнен впечатляющей галереей статуй, хотя многие из них являются копиями, оригиналы которых были переведены в Лувр.

Традиционные для французских парков железные стулья, разбросанные вокруг прудов, являются хорошим местом, чтобы полюбоваться статуями, посмотреть за детьми, гоняющимися вокруг пруда, или понаблюдать за прогуливающимися парижанами.

Для проголодавшихся есть также ряд кафе среди деревьев, а для любителей романтики старинные карусели с лошадками, которые все еще работают!

Здесь почти идеальное место в теплые дни, когда блики солнца отражаются на гравии аллей и пробираются сквозь густую листву.

История сада на самом деле восходит к 1570 году, когда Екатериной Медичи было расчищено место от средневекового лабиринта, чтобы освободить площадку для дворца.

Дворец Тюильри, как известно, был окружен садом овощей и цветочными клумбами. Настоящий сад, однако, в значительной мере, является работой ландшафтного архитектора Ленотра, который по заказу Людовика XIV перестроил сад в большем масштабе.

Используя методы, примененные в Версале, Ленотр воспользовался возможностью, чтобы дальше предаваться своей страсти к симметрии, создав прямые аллеи, формальные клумбы и великолепные виды.

Дворец затем сгорел, а сад остался. Интересно, что в восемнадцатом веке братья Монгольфье, Жозеф и Этьен, именно здесь запустили первый успешный воздушный шар.

Первая серьезная пересадка деревьев была проведена после революции, в девятнадцатом веке редкие виды деревьев были добавлены в сад Тюильри, где к этому времени преобладали каштаны.

К сожалению, некоторые из старых образцов были потеряны в декабре 1999 года во время бури: столетний каштан вокруг двух центральных овальной прудов в настоящее время являются самым старым.

Два здания на западном конце сада представляют большой интерес. В Оранжери, что ближе к берегу Сены и островам, представлены коллекции работ импрессионистов, а также знаменитые «Кувшинки» Моне.

Же-де-Пом, по улице Риволи, является сейчас одним из лучших выставочных пространств города в области современного искусства, как правило, это ретроспективы известных художников. Обязательно зайдите в сад Тюильри после посещения Лувра или просто так, получите необыкновенное удовольствие.

Глава I V

Музеи Парижа

Где находится Лувр?

Где находится Лувр? Понимаю ваш интерес к этому уникальнейшему во всех отношениях музею.

Вроде бы каждый школьник должен знать ответ на вопрос, где находится Лувр. Лувр находится в Париже – столице Франции.

Ну а если говорить о его конкретном месторасположении, то, пожалуйста, сейчас расскажу.

Даже такой огромный по размерам королевский дворец, которым Лувр был изначально, имеет вполне конкретный официальный адрес: Palais Royal, Musée du Louvre, 75001 Paris, France.

Первые два слова как раз и означают королевский дворец. Цифра 1 в конце индекса говорит о том, что Лувр находится в первом округе Парижа, одном из самых старых и центральных округов города.

Одна сторона дворцового комплекса тянется вдоль улицы Риволи, а другая выходит на набережную Сены. Тут же рядом и сад Тюильри.

Ближайшая станция метро носит предсказуемое название Palais Royal — Musée du Louvre. Здесь сходятся ветки метро 1 и 7.

В сам музей можно войти из метро, а можно подняться наверх, перейти всегда оживленную улицу Риволи, войти под одну из сводчатых аркад дворца и вуаля – вот вы уже во дворе Наполеона рядом со знаменитой стеклянной пирамидой.

Пирамид на самом деле несколько, а между ними еще располагаются фонтаны. Самая большая пирамида служит входом в музейный комплекс, а те, что поменьше, выполняют какие-то технические функции.

Как правило, в разгар сезона на вход в музей стоит огромная очередь, но, надо признать, что двигается она довольно бойко.

Стоимость билета на данный момент составляет 10 евро, и она постоянно растет (шедевры стоят денег).

Однако возможно и бесплатное посещение, если вы придете в первое воскресенье месяца , но я вас уверяю, что вы не единственные, кто об этом знает. Вас точно ждет очередь весьма внушительных размеров.

Дети до 18 лет могут войти бесплатно в любом случае, а если вам еще не стукнуло 25, то и вы тоже, но только после 6 часов вечера в пятницу. Кстати по пятницам и средам Лувр открыт аж до 21.45, вместо обычных 18 часов.

По вторникам музей закрыт, в праздничные дни тоже. Итак, я вам рассказала, где находится Лувр, как до него добраться и когда он работает, дело теперь за вами.

Пирамида Лувра

Когда мы слышим слова Пирамида Лувра, то поначалу это может вызвать некоторое недоумение.

Слово пирамида скорее ассоциируется с Египтом, но, тем не менее, стеклянная пирамида Лувра прочно вошла в жизнь старого музея и даже стала городской достопримечательностью.

Пирамида была построена в 1980-х годах в качестве главного входа в музей.

Современная структура из стекла, которое образует яркий контраст с историческими фасадами Лувра, стала знаковым символом сама по себе, хотя не все восприняли ее появление с восторгом.

Можно сказать, что в Париже появился еще один достаточно спорный архитектурный объект, так же как и башня Монпарнас десятилетием раньше.

Пирамида Лувра была построена в рамках проекта, известного как «Большой Лувр», впервые предложенного в 1981 году президентом Франсуа Миттераном по расширению и модернизации Лувра.

В 1970-х годах Лувр изо всех сил пыталась справиться с все возрастающим числом посетителей.

Входы были слишком малы, каждое крыло имело отдельный вход, и расположение было настолько запутанным, что посетители изо всех сил пытались найти вход или выход или просто друг друга в коридорах средневековой постройки.

Миттеран предложил расширить музей, переместив Министерство финансов, которое занимало крыло Ришелье в здании Лувра с 1873 года, в район Берси. Наконец-то музей с его бесценными коллекциями смог занять все U-образное здание.

Архитектор Иох Минг Пей произвел раскопки во дворе Наполеона — центральном дворе Лувра, и создал подземный вестибюль с выходом на три различных крыла и обширным пространством для билетных касс, магазинов, ресторанов и других удобств. Это позволило решить проблемы доступности входа в музей.

Строя вход на подземный уровень, Пей хотел избежать схожести со станцией метро и создать нечто, что привлекло бы посетителей.

Похоже, американец китайского происхождения обладал богатым воображением и смелостью, так как его новоявленная конструкция вступала в явное противоречие с классическими фасадами Лувра.

Пей придумал форму пирамиды, которая стала маяком в центре двора. Он выбрал стекло для оболочки, так как оно было наименее навязчивым, и позволяло свету проникать в фойе ниже.

Пирамида весьма скромна по размеру по сравнению с окружающими ее крыльями дворца. Базируясь на основании в 35 метров, она имеет высоту около 22 метров. Ее окружают три небольших пирамиды и бассейны с современными фонтанами.

Большинство критиков восприняли смелый проект в штыки и постоянно нападали на оригинальный дизайн.

Планы вызвали протест и у парижан, которые устали от современных проектов после строительства башни Монпарнас и арки Ла-Дефанс.

Опросы показали, что значительное большинство французских граждан выступают против новой структуры.

Лично у меня пирамида тоже вызывает душевный дискомфорт, уж больно она современна на фоне старого Лувра.

Но вскоре после официального открытия пирамиды в марте 1989 года оппозиция утихла, и Пирамида Лувра стал одной из любимых современных достопримечательностей.

Как добраться из Парижа до Версаля

Как добраться из Парижа до Версаля – вот часто возникающий вопрос у самостоятельных путешественников.

Существует несколько возможностей посетить роскошный дворцовый комплекс Версаль, как добраться из Парижа сейчас расскажу:

Одним из самых популярных и простых способов – это воспользоваться RER. Выбирате линию C и едете до остановки Versailles Rive Gauche.

В кассе скажите просто Версаль – вас поймут, только покупайте билеты сразу туда и обратно. Стоимость составляет около 7 евро.

Поездка на RER занимает около получаса, а сам поезд отправляется примерно каждые 25 минут. Версальский дворец находится приблизительно в десяти минутах ходьбы от станции.

Учтите, что если вы купили билет на RER, то отдельные билеты на метро покупать уже не нужно, эти же билеты смело компостируйте в метро.

Хорошим и недорогим способом попасть в Версаль является следующий путь: едете на метро до станции Pont de Sevres (9 линия), выходите и, следуя указателям, находите остановку автобуса № 171.

Впрочем, она рядом с метро. В автобусе вы используете обычные билеты на метро. Дорога займет минут 35 и похожа на отдельную экскурсию.

Если вы поселились недалеко от вокзала Сен-Лазар, то знайте, что с него тоже можно легко попасть в Версаль, воспользовавшись поездом SNCF, линия L. По времени получается приблизительно все то же самое, минут 35.

Но если вы отправляетесь с вокзала Монпарнас, то время в пути будет короче, где-то минут 11.

Только помните, что от станции до Версаля вы должны будете идти пешком примерно минут 20.

Конечно, существует еще и такси, но проезд в один конец обойдется вам евро 50-60.

Хотелось бы еще дать совет приезжать пораньше, потому что в разгар летнего сезона очереди просто огромные. Но помните, что по музейной карте вы проходите без очереди с отдельного входа.

Кстати, все, кто моложе 18 лет, попадают в Версаль совершенно бесплатно, так что при посещение дворца за детей платить не придется.

Цена за билет со временем меняется, поэтому, если хотите знать точную цифру заранее, советую смотреть на официальном сайте www.chateauversailles.fr. Там же можно купить электронные билеты в Версаль.

Теперь, я надеюсь, вы решите вопрос с Версалем, и как добраться из Парижа туда.

Дом Инвалидов в Париже

Дом Инвалидов в Париже представляет собой ряд зданий, расположенных в 7-м округе, недалеко от Эйфелевой башни и музея Родена.

Первоначально возведенный по заказу Людовика XIV, как больница и дом для отставных ветеранов, Дом Инвалидов в Париже превратился в целый комплекс, который продолжает служить своей первоначальной цели и сегодня.

Здесь есть несколько интереснейших музеев и памятников, открытых для посетителей, в том числе Парижский Музей армии и гробница Наполеона.

Строительство, начатое в 1670 году, продолжилось в течение следующих пяти лет и финансировалось за счет взимаемых акцизов из заработной платы рабочих и солдат. После того, как первоначальное строительство было завершено в 1676 году, началось расширение, сначала с часовни для ветеранов.

Затем последовало возведение частной королевской часовни, которую часто называют Eglise-du-Dome, ссылаясь на прекрасные купола, возвышающиеся над остальными строениями.

Сегодня, обновление зданий имеет иные цели, в том числе сохранение исторических реликвий и музеев в честь полководцев и событий из истории Франции.

Золотой купол Дома Инвалидов в Париже виден издалека

С момента своего возникновения, Дом Инвалидов в Париже играл важную роль на протяжении всей истории, в том числе во время французской революции.

В день взятия Бастилии, Дом Инвалидов находится под охраной, но многочисленная толпа захватила его и получила доступ к 28 тысячам единиц оружия, взятого из подземного хранилища.

Сегодня в Доме Инвалидов покоятся останки важных французских граждан. Наиболее известным среди них является Наполеон, который был помещен сюда девятнадцать лет спустя после своей смерти на острове Святой Елены.

Сейчас гробница Наполеона открыта для посетителей и представляет собой помпезное и торжественное зрелище.

Другие гробницы в здание включают несколько членов его семьи, офицеров, которые служили при Наполеоне, и других ключевых военных героев Франции, в том числе командиров Первой и Второй мировых войн.

Надо сказать, что, несмотря на туристические достопримечательности, такие как гробница Наполеона и Музей армии, часть Дома Инвалидов продолжает выполнять свою первоначальную функцию/

Это по-прежнему больница для солдат и дом для отставных ветеранов, а также центр медицинских консультаций.

Интересно, что Дом Инвалидов в Париже послужил источником вдохновения для аналогичных структур в других странах, например больницы в Гринвиче, построенной в 1694 году по поручению Уильяма III в Англии.

Музей Родена в Париже

Музей Родена в Париже, принимая более полумиллиона посетителей в год, является одним из самых популярных музеев во Франции.

Конечно, Музею Родена в Париже трудно соперничать с такими огромными музеями, как Лувр, Версаль и музей д'Орсэ, но по популярности он явно опережает Оранжери и музей Пикассо.

Музей Родена находится в тихом квартале 7-го округа Парижа, совсем недалеко от Дома Инвалидов на улице Варенн. Ближайшая станция метро так и называется Varenne.

Сам музей несколько необычен, потому что работы мастера занимают свое место не только в старинном особняке Бирон, но и расположены в саду. В хорошую погоду там необыкновенно приятно находятся.

Это регулярный французский сад с великолепным розарием и аккуратно постриженными деревьями, среди которых расположены наиболее грандиозные по размеру работы Родена.

А вдалеке, за оградой сада сверкает золотом купол собора Дома Инвалидов, фотографии получаются просто изумительные.

Вы сразу же увидите одну из самых известные скульптур Родена - Мыслитель, который сидит на пьедестале смотрит на сад. Врата Ада — другая известная работа, Граждане Кале, а также другие известные скульптуры украшают сад.

И сад, и особняк отражают славу и известность работ Родена. Правда, есть ощущение, что здание, работы мастера и его коллекция – все, что осталось от Родена, в том числе стулья, кресла или диваны, где посетители могут свободно сесть, ни разу не подвергалось реконструкции.

Скульптор, живописец и рисовальщик, гравер и коллекционер Огюст Родена пожертвовал всю свою коллекцию французскому государству в 1908 году при условии, что ему достается красивый отель Бирон 1730 года.

Паркет в особняке немилосердно скрипит под ногами, и все вокруг очень старое, но, может, так задумано нарочно?

Зато вы можете увидеть знаменитый Поцелуй Родена и другие его известные работы, а также около 15 скульптор Камиллы Клодель, сестры писателя Поля Клоделя, музы Родена, его протеже и любовницы.

Кстати, теперь можно купить билеты онлайн, чтобы избежать очередей. Правда, особой толпы я и так там не заметила, даже в разгар сезона мы стояли в очереди минут пять.

Музей Родена в Париже не намеревался воссоздать определенный период, но он предлагает неповторимое очарование дома художника, где приятно прогуляться в свободное время.

Музей Клюни

Музей Клюни, также известный как Национальный Музей средневекового искусства обладает одной из самых красивых в Европе коллекций, посвященных искусству, повседневной жизни, социальной и религиозной истории средних веков во Франции.

Музей Клюни размещен в особняке 15-го века в готическом стиле, который в свою очередь был построен на развалинах галло-римских руин.

Музей расположен в здании, известном как отель Клюни в 5-м округе Парижа в Латинском квартале.

Вы увидите музей с садом на углу бульвара Сен-Мишель и Сен-Жермен. Это совсем недалеко от станций метро Сен-Мишель или Клюни-ла-Сорбонна.

Отель Клюни находился – а дело было в начале 14 века — в собственности аббата Клюни, который возглавлял мощный бенедиктинский орден.

Монахи владели зданием около 100 лет, после чего оно была передано Жаку Амбуазу, епископу Клермона, который использовал его в качестве своей резиденции и перестроил, добавив многочисленные готические и ренессансные элементы.

Именно этот реконструированный отель мы можем видеть сегодня. Здесь же есть и термы Клюни – наследие римской эпохи.

Надо сказать, что ряд заметных в истории личностей жили в доме в тот или иной момент времени, в том числе Мария Тюдор, который была отправлена сюда после смерти ее мужа Людовика XII.

В 1793 году государство взяло себе право собственности на отель Клюни, и он был использован для различных функций.

Однако подлинная история коллекция музея Клюни началось, когда туда переехал коллекционер Александр дю Соммерар, уже владевший к тому моменту внушительной коллекцией средневековых и ренессансных объектов.

Он и привез их с собой в этот дом, и когда умер в 1842 году, то государству достались и здание и коллекция. Музей открыт только спустя год.

В музее много известных средневековых артефактов, в том числе скульптуры 7-го и 8-го веков, важные рукописи, изделия из золота и слоновой кости, монеты и много антикварной мебели.

Музей владеет прекрасной коллекцией гобеленов той эпохи, сотканных во Фландрии из шерсти и шелка, в том числе знаменитым гобеленом «Дама с единорогом».

В музее также находятся предметы быта, искусства и одежды средневекового периода.

Плата за посещение не взимается с европейцев моложе 26 лет с удостоверение личности с фотографией. Вход свободный для всех посетителей в первое воскресенье месяца (небольшая плата берется за аудиогид).

Музей Клюни входит в список объектов, доступных по Музейной карте.

Центр Помпиду в Париже

Надо сказать, что мимо центра Помпиду в Париже трудно пройти равнодушным. Нравится вам сие урбанистическое строение или нет, незамеченным оно явно не останется.

Как и многие другие новаторские решения, как и пирамида Лувра, строительство центра Помпиду в Париже вызвало далеко не однозначную реакцию.

Все что касается вмешательства в архитектурный стиль древнего Парижа, вызывает бурную реакцию общественности.

Конечно, за последние сорок с лишним лет к этому необычному строению несколько попривыкли, и все же.

Совершенно новое архитектурное видение, где функциональные элементы, такие как эскалаторы, водопроводные трубы и система кондиционирование воздуха перемещены за пределы здания, освобождая внутреннее пространство для демонстрации произведений искусства, просто взорвало мозг приверженцев традиционного градостроения.

Да к тому же трубы и каналы все цветные: синие для воздуха, зеленые для воды, красные для лифтов, желтые для электроэнергии, серые коридоры и белый цвет для самого здания.

Эдакий кубик Рубика посреди древнего парижского квартала Бобур.

Кстати, сами парижане не тратят много времени на выговаривание слов центр Жоржа Помпиду, а называют его просто и коротко – Бобур.

Я даже не поняла в первый раз, когда меня спросили: «Вы идете в Бобур?», что речь идет о национальном музее современного искусства, так официально именуется центр Помпиду в Париже.

Впрочем, теперь это больше, чем просто музей. Он также содержит очень популярную библиотеку, книжный магазин, кинотеатр и террасу с панорамным видом.

Общественный информационно-библиотечного центр может похвастаться коллекцией из 450 тысяч книг, журналов и большого количества новых носителей средств массовой информации.

Библиотека располагается на нижних этажах, в то время как для постоянной коллекции музея выделены этажи 4 и 5. Первый и самый верхний этажи используется для больших экспозиций.

Музей содержит обширную коллекцию современного искусства. Его более чем 59000 работ охватывают широкий спектр произведений искусства пошлого века.

4-й этаж содержит работы с 1905 по 1965 годы и охватывает такие движения в искусстве как фовизм, абстракционизм, сюрреализм и кубизм. 5-й этаж охватывает период, начиная с середины 60-х годов, и демонстрирует движение поп-арт в изобразительном искусстве.

Площадь возле музея занята художниками, музыкантами, уличными артистами и множеством праздношатающихся личностей.

Я не знаю, любитель ли вы искусства или просто любопытствующий, сходите, посмотрите сами на неповторимый дизайн Центра Помпиду в Париже, музей открыт до 9 вечера.

Музей Гревен

Обязательно посетите музей Гревен, французский музей восковых фигур, когда будете в Париже.

Знаю, знаю, некоторые воротят нос, дескать, музей Гревен и не музей вовсе, какие уж там культурные ценности могут быть.

Конечно, он не входит в первую десятку списка, что надо посетить в Париже, но зрелище само по себе в высшей степени любопытное и познавательное.

Поскольку побывать в музее мадам Тюссо в Лондоне мне не довелось (а как хотелось бы), то пришлось удовлетвориться его французским аналогом.

Сначала расскажу, как туда попасть, потому, что мне долго это не удавалось, несмотря на то, что я жила почти всегда в 9 округе, где музей собственно и находиться.

Вам надо доехать на метро до станции Grands Boulevards и выйти через тот выход, где написано Musee Grevin, потому что выходов у этой станции всего четыре.

Хотя, возможно, вы дойдете и пешком, если выбрали отель в этом районе. Музей находится на бульваре Монмартр, близко от пересечения с улицей Фобур-Монмартр. Смотрите внимательно вверх и вы увидите надпись Musee Grevin.

Под надписью узкий вход, разделенный надвое, слева для организованных посетителей, а справа – для всех остальных. Летом к музею то и дело подъезжают автобусы, наполненные туристами всех возрастов, особенно много детей.

Несколько лет назад я столкнулась с ситуацией, когда в музей вообще не продавали билетов, так как он целиком был заполнен организованными группами.

Поэтому лучше приходить утром к открытию в 10 часов. Смело идите по узкому темному проходу, в конце которого вас должен встретить служитель, проверяющий сумки, впрочем, весьма формально.

Он же укажет вам на дверь справа, войдя в которую вы увидите небольшой зал с кассами. После этого можете вздохнуть с облегчением, считайте, что в музей вы уже попали.

Когда в зале соберется некоторое количество народа, дверь в него закрывают. Как скоро она откроется вновь, я не знаю, предпочтение явно отдается организованным группам.

Народу в музее Гревен много, несмотря на немаленькую цену билетов в 22,5 евро для взрослых. А я-то думала, что билеты в Лувр – дорогие! Впрочем, музей этот частный, но существует целая система скидок для детей различных возрастов.

Первый аттракцион в музее – зал миражей. Вас заводят в темную многоугольную комнату с множеством зеркал и минут 10 показывают представление со сменой фигур в зеркалах под какие-то странные звуки. Совсем не страшно.

А вот дальше и начинается то, ради чего собственно вы и пришли. Множество темноватых залов, напоминающих о старом театре, с подсвеченными фигурами. Музей имеет довольно ясно выраженную французскую направленность, поэтому какие-то персонажи будут вам незнакомы.

Но и тех, что всем известны, вполне хватит, чтобы удовлетворить свое любопытство и сфотографироваться с ними.

Деятели культуры, политики, актеры, художники и писатели, исторические персонажи – вы найдете в залах кого угодно.

Одни фигуры удивительно похожи на свои прототипы, другие, напротив, похожи мало. Есть какие-то старые фигуры, есть – совсем новые. Экспозиция музея меняется и пополняется, что вполне понятно, ведь самому музею – более ста лет.

Я не буду сейчас перечислять, с кем вы можете встретиться в музей Гревен в Париже, сходите, посмотрите все сами, зрелище очень занятное.

Музейная карта Парижа

Неотъемлемой особенностью визита в Париж является посещение музеев, и в этом нелегком деле вам может пригодиться Музейная карта Парижа.

В самом деле, редко кто собирающийся во французскую столицу, не планирует зайти в один из самых выдающихся музеев мира – Лувр.

Но размер очереди, особенно летом, пугает не на шутку. Здесь вам как раз может очень помочь Музейная карта Парижа (*Paris Museum Pass*) – сэкономите и время и деньги.

Правда, экономия денег возможна скорее в случае, если вы намерены посетить несколько музеев.

Что представляет собой эта карта, и какие возможности дает? Вы платите один раз и далее проходите без очереди во множество музеев и основных памятников в Париже и парижском регионе.

Список мест, общим числом более шестидесяти, которые можно посетить таким образом, прилагается к карте. И вы не стоите в очереди, теряя драгоценное время!

Большинство крупных культурных объектов располагают отдельным входом для посетителей с музейной картой.

Вы можете приобрести ее на два, четыре или шесть дней соответственно. 2-х дневная карта обойдется вам в 39 евро, карта на 4 дня – в 54 евро, а на 6 – в 69. Пользуюсь той информацией, которая сейчас есть на официальном сайте en.parismuseumpass.com, но, конечно, цена может меняться.

Здесь, конечно, надо подсчитать, насколько вам это выгодно. Цены в парижских музеях немаленькие, так что все зависит от вашего индивидуального списка культурных объектов, намеченных к посещению.

Карта имеет срок годности в один год, который означает, что вы можете приобрести ее заранее, а использовать потом. Например, если вы покупаете карту в июне на один год, вы можете начать использовать ее в любой момент по вашему выбору до конца мая следующего года.

Только помните, что действовать карта начинает с того дня, когда вы заходите в первый музей, и дни считаются без перерыва. Вам только самим нужно написать свои фамилию и имя латинскими буквами и поставить дату.

Брошюра, прилагаемая к карте, дает подробную информацию о музеях и памятниках, чтобы вы легко могли воспользоваться коллекциями и достопримечательностями Парижа в полной мере.

Купить Музейную карту Парижа можно во всех туристических офисах, музеях, в аэропорту, магазинах FNAC, даже в метро и заранее на сайте.

Глава V

Магазины Парижа

Магазины в Париже

Любите ли вы магазины? А магазины в Париже? Риторический вопрос, правда? Особенно, когда дело касается женщин.

Впрочем, Париж — мечта любого покупателя. Магазины в Париже словно созданы для любителей шоппинга.

Этот город во Франции всегда находится в авангарде моды. И любой визит в Париж не является полным без посещения магазинов.

Вы найдете много интересных и даже удивительных магазинов. Лучшие покупки в Париже — те, что вы просто не можете пропустить.

Есть много районов в Париже с большим количеством магазинов. Универмаги, бутики, торговые центры, продовольственные и блошиные рынки, магазины для туристов – вы точно найдете все, что вам нужно.

Если вы хотите получить массу удовольствия от покупок в Париж на одной улице, пройдите на бульвар Осман рядом с Гранд-Опера.

Есть два самых известных торговых центра в Париже — Printemps и Galeries Lafayette.

Галери Лафайет является крупнейшим торговым центром во Франции и славится своей уникальной архитектурой. Это символ парижской торговли и пристанище для всех стилей и известных имен в мире моды.

Причем дорогие и известные марки спокойно уживаются и гораздо более доступными и менее знаменитыми. Существует также бесплатный показ мод, чтобы ознакомиться с последними тенденциями модных коллекций.

Если вы ищете что-нибудь для домашнего декора, то Прентан как раз через дорогу.

Ле Бон Марше был первым универмагом в мире и вдохновил Эмиля Золя на создание романа. Это высококлассный магазин расположен в 7-ом округе Парижа, не очень далеко от Эйфелевой башни.

Магазин красив и недешев, а, кроме того, есть много кресел для утомленных партнеров, чтобы посидеть, пока их спутницы заняты делом. И это единственный крупный универмаг на левом берегу.

Форум де Аль является местом, где на нескольких подземных этажах располагаются около 180 магазинов, в которых можно купить множество вещей по приемлемым ценам. Здесь вы можете найти низкобюджетные копии парижского шика и другой модной одежды.

Можно поехать в знаменитый своими небоскребами деловой район La Defense, где существует торговый центр в американском стиле Les Quatres Temps.

Париж высокой моды вы найдете на улице Фобур Сент-Оноре и авеню Монтень, а также на улицах Шерш-Миди и Гренель.

Здесь вы увидите магазины известных марок, такие как Cartier, Saint Laurent, Chanel, Chaumet, Christian Lacroix, Van Cleef & Arpels и Christian Dior.

Печально, но время шикарных магазинов на Елисейских полях почти закончилась. Бульвар Елисейские поля, кроме Guerlain Parfumerie стал убежищем для ресторанов быстрого питания, банков, офисов авиакомпаний, кинотеатров и торговых центров.

Впрочем, магазинов в Париже еще очень много, и вы обязательно найдете для себя все нужное, особенно в период распродаж.

Когда распродажи в Париже?

Хотите узнать, когда распродажи в Париже? Конечно, покупки на распродажах необыкновенно привлекательны по цене, поэтому их с нетерпением ждут парижане и туристы.

Распродажи в Париже проводятся всегда зимой и летом в течение пяти недель приблизительно в одно и то же время.

Зимние распродажи начинаются в начале января обычно во вторую среду месяца и продолжаться пять недель примерно до середины февраля.

Летние распродажи стартуют обычно в последнюю среду июня и продлятся до конца июля.

Точные даты распродаж на весь следующий год обычно объявляются заранее в ноябре.

Периоды распродаж во Франции регулируется государством, но после окончания летних распродаж 2012 года Торговая Палата Парижа объявила, что это явление может уйти в небытие.

Из-за кризиса выгода для торговцев от проведения подобных мероприятий уменьшается с каждым годом.

Однако в 2013 году все осталось по-прежнему. И так уж случилось, что я попала в Париж как раз в первый день летних распродаж, когда в магазинах творилось нечто невообразимое.

Зная, когда распродажи в Париже, многие специально приезжают именно в эти сроки, чтобы попасть в магазины, где появляются заветные объявления в витринах «Soldes» и далее следует процент скидки – 30, 50, а то и все 80%.

Парижский шоппинг уже давно превратился в такую же неотъемлемую традицию жизни французской столицы, как и посещение многочисленный достопримечательностей.

Распродажи по-прежнему привлекательны, а в последние годы тем более. Если раньше скидки в первые дни распродаж составляли 10-15%, а затем плавно снижались, то в связи с кризисом некоторые магазины скидывают цены сразу на 30-50%.

Поэтому может оказаться, что к исходу пятой недели в магазинах мало, что остается, во всяком случае, выбор размеров и ассортимент уже весьма ограничены.

Непосредственно перед распродажами в магазинах пустовато. Многие заходят, просто чтобы выбрать и примерить приглянувшиеся вещи, а в дни распродаж только купить их.

Учтите, что любителей купить со скидками бывает так много, что вам придется сначала отстоять длинную очередь в примерочную, а потом почти такую же — в кассу.

Если народу много, некоторые начинают раздеваться и примерять вещи непосредственно в торговом зале, особенно в мужских отделах.

Еще бы – ведь свитера, стоившие 100 евро, можно купить за 25, джинсы обойдутся в 15-20 евро, за 12 евро можно приобрести пару кофточек.

Конечно, здесь речь идет об одежде недорогих марок, вроде H&M и Zara. Но и в тех магазинах, где первоначальная стоимость составляла несколько сотен евро, цена падает в 2-3 раза. Праздник жизни, одним словом!

И пока все остается на своих привычных местах, есть повод посетить французскую столицу и магазины в дни сезонных распродажи в Париже. И пока все остается на своих привычных местах, есть повод посетить французскую столицу и магазины теперь, когда вы знаете, когда распродажи в Париже в 2013 году.

Галерея Лафайет в Париже

Обязательно посетите Галерею Лафайет в Париже, даже если вы вдруг ничего не собираетесь покупать, если такое вообще возможно.

Потому что сам магазин необыкновенно красив и необычен внутри. Торговый дом Галерея Лафайет в Париже (или скорее Галери Лафайет, так говорят по-французски) расположен на бульваре Осман, сразу за Опера Гарнье, так что не найти его невозможно.

Официальный адрес магазина 40, бульвар Осман.

Это грандиозный магазин состоит из трех зданий, занимает целый квартал и имеет множество входов с разных сторон.

Кстати, если вы доехали на метро до станции метро Chaussée d'Antin – Lafayette, то можно и не выходить на улицу. Следуйте по указателю «Grands Magasins» и попадаете прямо в магазин, где еще сотни таких же, как вы покупателей, мечутся в поисках своего счастья.

Часы работы Галери Лафайет с половины десятого утра до восьми часов вечера, а в четверг – до девяти.

Обычно все сначала попадают в грандиозный по высоте зал, опоясанный галереями с арками и увенчанный потрясающим по красоте куполом.

Это поможет скоротать вам время в очередях в период распродаж, когда вы можете любоваться великолепной архитектурой этого большого магазина, построенного еще в 19 веке. Знаменитый стеклянный купол так красив, просто удовольствие снимать его!

Часто известные политики, знаменитые общественные деятели и писатели любят подписывать свои книги именно в Галерее Лафайет в Париже. Вот и Горбачев в свое время среди них отметился.

Главное здание предназначено, в основном, где женщин. Представлены как дорогие и всемирно известные марки, так и весьма доступные по цене.

Чтобы попасть в мужской отдел, надо подняться наверх и через мостик перейти в другое здание. Переход этот закрытый, так что не бойтесь.

Если вы думаете, что там будет меньше людей, то это абсолютно неверно. В мужских отделах почти всегда тоже многолюдно, как и во всем магазине, и особенно во время рождественской и предновогодней суеты.

Если вы устали от процесса покупок, то всегда можно передохнуть в одном из ресторанов магазина. Сейчас на 6-м этаже появилось весьма недорогое по цене кафе самообслуживания.

А если подняться еще выше по лестнице, то вы попадете на крышу магазина, где тоже есть ресторан.

Но самое главное – оттуда открывается просто потрясающий вид на город и на грандиозное здание парижской оперы с огромным куполом.

И я вам скажу, в конце концов, все-таки неплохо побывать в одном из лучших магазинов в мире — Галерее Лафайет в Париже, купите вы там что-нибудь или нет.

Аутлет в Париже

Признаемся себе честно — покупки во Франции является одним из замечательных удовольствий в жизни, тем более, если покупать в аутлете в Париже.

Конечно, во французской столице существует огромное количество магазинов и торговых центров, а аутлет в Париже находится все-таки за пределами городской черты.

Но время, потраченное на поездку, оправдывает себя с лихвой. Да и добраться туда совсем не сложно.

Строительство подобных торговых «деревень» или комплексов, кажется, все больше превращается в устойчивую растущую тенденцию в Европе, особенно во Франции и Италии.

Если вы находитесь в Париже, то очень удобно посетить большой аутлет La Vallee Village, как раз поблизости от Диснейленда. Примерно в 35 минутах езды от Парижа на RER и в пяти минутах от парков Диснея, эта торговая деревня является популярным местом покупок для посетителей французской столицы.

Это лучшее место, где вы можете выбрать себе что-то подходящее из множества известных имен мира моды и торговых брендов, как французских, так и международных.

Более 70 ведущих марок предлагают элементы из коллекции своего предыдущего сезона по сниженным ценам. Процент скидки обычно составляет от 33% от оригинальной цены и максимум до 60%.

Однако в период распродаж вас ждет еще большее снижение цен. Знаю, что некоторые не могут удержаться и покупают так много, что потом приходиться покупать еще и дополнительный чемодан. Впрочем, со мной в Париже такое тоже однажды случилось, даже и без аутлета.

Расположенный под открытым небом центр с постройками в деревенском стиле, аутлет имеет все необходимое, чтобы вы могли провести там целый день: кафе, детская площадка, скамейки для усталых шопоголиков, а также бесплатная парковка.

В отличие от многих других центров, вы можете добраться до аутлета в Париже как на автомобиле, так и на общественном транспорте.

- На автомобиле — автомагистраль А4.
- На поезде RER — линия А4, двигаемся в направлении Marne la Vallee, станция Serris-Montévrain-Val d'Europe.

Это так же, как ехать в Диснейленд, только надо выйти раньше на одну остановку. А до деревни еще минут 10 пешком или на шаттле.

Аутлет работает каждый день с 10 утра до 8 вечера (до 7 вечера в зимнее время) и в воскресенье с 11 утра до 7 вечера.

Часы работы очень удобны, так как в отличие от большинства магазинов Парижа, этот торговый центр работает все дни, в том числе и по воскресеньям, кроме Рождества, Нового года и 1 Мая.

С другой стороны, хотелось бы предостеречь. Именно в выходные дни в аутлете Парижа бывает очень много народу.

Блошиные рынки Парижа

Блошиные рынки Парижа — это одна из бесплатных достопримечательностей города, так что путешественникам обязательно надо добавить их в свой маршрут.

Первый и самый крупный блошиный рынок в Париже, расположенный в Сен-Уэн, был создан в 1870 году.

Он получив свое название из-за якобы зараженных блохами мебели и других товаров, реализуемых на рынке только за пределами северных укреплений города.

Годы спустя, Пабло Пикассо использовал рынок для прогулок и вдохновения, а в последнее время Вуди Аллен в популярном фильме «Полночь в Париже» направил своих героев сюда в поисках спрятанных сокровищ по бросовым ценам.

Так что можно сказать, что рынок вовсю используется в самых разных целях уже вторую сотню лет.

Утверждая, что он является крупнейшим в своем роде в мире, блошиный рынок в Сен-Уэн привлекает более 11 миллионов посетителей в год и может похвастаться более чем двумя с половиной тысячами киосков, начиная от антиквариата до моды, минус блохи по-старому.

В дополнение к этому самому известному из блошиных рынков Париж насчитывает еще несколько других больших рынков, где можно посмотреть и прогуляться по старым очаровательным месточкам в поисках одежды, книг, эксцентричных перьев или ценных предметов антиквариата.

Не обязательно покупать, иногда побродить и посмотреть что-то – тоже удовольствие. Большинство рынков Парижа открыты только по выходным, а иногда и в понедельник, так что не забудьте выделить время для их посещения (кстати, в воскресенье магазины закрыты).

Итак, лучшие блошиные рынки в Париже:

Рынок Сен-Уэн находится между 18-м округом Парижа и северным пригородом Сент-Уан. Сойдите на станции метро Порт де Клиньянкур (линия 4) и следуйте по указателям. Рынок открыт в субботу с 9 утра до 6 вечера, в воскресенье с 10 до 6 и в понедельник с 11 утра до 5 вечера. Вход свободный.

Marches aux puces Порт де Ванв находится в 14-м округе, метро так и называется Порт-де-Ванв (линия 13). Он функционирует каждые выходные в течение всего года с 7 утра до 2 дня.

Еще один рынок располагается недалеко от метро: Порт де Монтрей (линия 9). Открыт с субботы по понедельник, с 7 утра до 7:30 вечера.

Прежде чем начать делать покупки, приготовьте наличные деньги. Если рассчитываете купить что-то стоящее, приезжайте пораньше.

Будьте готовы оказаться у рынка во время открытия, так чтобы не пропустить предметы, которые быстро продаются, например, уникальные фарфоровые декоративные элементы, старые фотографии и военную атрибутику.

Опасайтесь карманников. Убедитесь, что ваш бумажник и другие ценные вещи не находятся в зоне легкой досягаемости, так как стесненные условия на рынке идеальны для карманников.

Не бойтесь копаться в старье. Считайте поход по блошиным рынкам Парижа вызовом или забавной охотой за сокровищами, как вам больше нравится.

Глава VI

Соборы и церкви Парижа

Собор Нотр Дам де Пари

Великолепному собору Нотр Дам де Пари в 2012году исполнилось 850 лет. Грандиозная дата, не правда ли?

Собор Нотр Дам де Пари на острове Сите был безмолвным свидетелем, пережившим войны и революции, эпидемии болезней, смены режимов и правителей.

Считается, что на ступеньках собора чуть более пяти веков назад король Генрих Наваррский сказал слова, цитируемую миллионы раз: «Париж стоит мессы».

Вроде бы это происходило во время весьма странного венчания, когда король-гугенот не мог войти в собор и стоял перед дверью. Невеста Маргарита Валуа находилась внутри. Многие историки считают приписываемые королю слова не более, чем выдумкой, но звучит красиво.

И Париж в любом случае стоит мессы, и собор — историческая и живая реликвия стоит того, чтобы его посетили.

Ведь он стоит на том самом месте, где когда-то и начинался сам город Париж. Недалеко от входа есть даже плита с отметкой нулевого километра, на которой так любят фотографироваться туристы.

Собор Нотр Дам де Пари начал строился восемь с половиной веков назад, жизни одного архитектора не хватило, ибо возводился он более двухсот лет.

Какое же необыкновенное впечатление должен был производить собор во времена средневековья грандиозностью постройки и размерами, когда вокруг теснились маленькие домишки.

Во времена преобразования столицы бароном Османом площадь перед собором была расчищена, чтобы можно было видеть сооружение во всем его великолепии.

Правда, собор сильно пострадал в бурные времена революции, но был спасен архитектором Виоле Ле Дюком благодаря возросшему к нему интересу общественности после выхода знаменитого романа Виктора Гюго.

Неисчислимое количество раз собор показывали в кино и по телевидению, многочисленные толпы туристов посещают его ежегодно, здесь проходят церковные службы, торжественные похороны и иногда венчания. Даже мюзикл был поставлен с одноименным названием.

Собор, естественно снесен во все путеводители и учебники по истории и архитектуре, как классический образец готической архитектуры.

Но, конечно, все это гораздо интереснее увидеть своими глазами, чем читать многочисленные описания.

Просто придите и восхититесь: тремя порталами, фигурами по фасаду, окном-розеткой, двумя башнями, фантастическими фигурами химер и горгулий, глядящих на вас с высоты.

По воскресеньям здесь проходят мессы, на которые может прийти любой желающий и послушать самый большой орган Франции.

Прихожане поют, руководимые священником, и в определенные моменты встают, подчиняясь взмаху его рук.

Больше всего меня тронул пожилой француз, сидящий рядом, который спросил, почему мы не поем. Мы сказали, что не знаем слов, и нам тут же дали большой листок бумаги, на котором были написаны слова. Я бережно храню его до сих пор.

Вдоль бокового фасада всегда стоит огромная очередь желающих попасть на башни собора. Это занимает довольно много времени, но вид с собора Нотр Дам де Пари на город, Сену, Эйфелеву башню просто великолепный.

Башни собора Нотр Дам

Давно хотела подняться на башни собора Нотр Дам в Париже, но как-то всегда находились другие более важные и интересные объекты.

Впервые поднявшись на башни собора Нотр Дам, как же сильно я пожалела, что не сделала это раньше!

Впечатление – просто потрясающее! Не зря же вдоль бокового фасада собора всегда стоит огромная очередь, что тоже, кстати, меня раньше отпугивало.

Наконец, я решилась, следуя своему принципу приходить везде пораньше. Правда сильно раньше не получилось, я оказалась в конце уже довольно большой очереди в 9.45 утра, т.е. за 15 минут до открытия. Очередь за мной увеличивалась просто на глазах буквально каждую секунду.

Однако ровно в десять мы стремительно двинулись вперед, пройдя, наверное, метров 20. Далее движение так и продолжалось рывками, так как внутрь запускают группами. Всего я простояла в очереди на башни собора Нотр Дам 1 час 15 минут, честно говоря, думала, будет гораздо дольше.

По крутой винтовой лестнице вы поднимаетесь сначала в зал, где продаются билеты и всякие открытки-сувениры. А потом – уже настоящее испытание, надо подняться на высоту 60 с лишним метров, преодолев 387 ступеней.

По старинной узкой каменной лестнице без всяких остановок и площадок, без передышки, потому что следом за вами шаг в шаг идут другие туристы, вы поднимаетесь все выше и выше на высоту второго яруса собора и попадаете в галерею химер.

Выходите на свет из темных недр собора – и о чудо! Не передать словами красоту захватывающей панорамы, открывающейся перед вами.

Мне очень повезло, день был ясный и солнечный, вид на город, остров Сите, Сену с мостами – просто потрясающий.

Несколько мешают обзору высокие сетки, установленные над парапетом, да толчея туристов. Места действительно мало, но все сохранилось, как было в средневековье – узенькие проходы, истертые за века камни. И в этом есть свое непередаваемое очарование.

Отсюда открывается вид на башни, крышу собора, скульптуры на ней.

Здесь же фантастические существа химеры, словно охраняющие собор. Правда, они были добавлены при реконструкции собора уже в 19 веке, но выглядят так естественно, словно были здесь всегда.

Но это, оказалось, еще не все. Подгоняемая секьюрити, наша группа снова начинает подниматься ввысь на южную башню собора. Вот так сюрприз, оказывается надо лезть еще выше.

А оттуда вид еще лучше. К сожалению, фотографии не в состоянии передать всей красоты и величия этой картины. Я стою, онемев от восторга!

Спуск проходит заметно быстрее. И вот я уже внизу, задираю голову и вижу крошечные фигурки людей высоко-высоко на башне. Неужели и я там только что была? Целое приключение длиной всего в час, а сколько эмоций.

Ну и напоследок несколько практических моментов:

Ближайшая станция метро – Сите (Cite), находится на острове.

Музейная карта, дающая права на проход без очереди во множество парижских музеев и культурных объектов, здесь не действует. То есть войдете-то вы бесплатно, но только отстояв очередь вместе со всеми.

На всевозможных форумах в интернете люди описывают свои многочасовые страдания в этой очереди. Выглядит она, и вправду, устрашающе. Отсюда вывод – приходите пораньше и желательно компанией или вдвоем. Можно отпускать погулять друг друга, вдоль улицы по другой стороне полным-полно сувенирных магазинчиков.

Время работы башен отличается от времени, когда открыт сам собор и меняется в зависимости от времени года. Информацию лучше посмотреть на официальном сайте notredamedeparis.fr перед поездкой.

Желаю вам обязательно подняться на башни собора Нотр Дам в Париже и получить необыкновенное удовольствие.

Базилика Сакре-Кер

Белоснежный купол базилики Сакре-Кер на Монмартре, хорошо видимый из многих точек Парижа, служит прекрасным ориентиром, какой бы путь вы не выбрали, чтобы подняться на холм.

Должна честно признаться, что, будучи в Париже впервые, я была готова увидеть высоту Эйфелевой башни и величие Версаля, но элегантность базилики Сакре-Кер застала меня врасплох.

Это грандиозное сооружение часто не входит в перечень самых топовых мест французской столицы, хотя сам Монмартр там упоминается практически всегда.

Сейчас я уже много знаю о городе, и практически везде, где я оказываюсь, есть что-то красивое и интересное.

Базилика Сакре-Кер является относительно новым сооружением в плане парижской архитектуры. Возведение ее задумывалось как знак памяти череде печальных событий франко-прусской войны.

Строительство началось в 1875 году по проекту французского архитектора Поля Абади, дизайн которого победил более 70 других претендентов в конкурсе.

Хотя Абади умер в 1884 году, еще до завершения строительства церкви, его замысел был все-таки доведен до конца. Базилика была, наконец, закончена в 1914 году, хотя и не была освящена, пока не закончилась Первая мировая война в 1919 году.

Возможно, насмотревшись на многочисленные шедевры готической архитектуры Парижа, такие как Нотр Дам или Сен-Шапель, вы удивитесь округлым куполам собора в византийском стиле, которые являются куда менее распространенными в Западной Европе. Пожалуй, базилика Сан Марко в Венеции является показательным примером византийской архитектуры.

Так что не удивительно, что интерпретация византийской архитектуры Сакре-Кер выглядит на первый взгляд несколько неуместно, когда мы рассматриваем старый город. И поэтому далеко не всем она нравится и сегодня, как и 100 лет назад.

Что интересно, дизайн был необычным даже, когда он был предложен впервые — и все же он победил на конкурсе. На мой взгляд, Абади удалось создать то, что опередило свое время в 19 веке и остается своего рода авангардом еще и сегодня.

Сакре Керр отличается блестящей белизной, и церковь всегда выглядит такой яркой. В самом деле, это из-за травертина, составляющего основу базилики и содержащего вещество, которое делает его сверкающим белым даже в относительно загрязненной атмосфере Парижа.

Вы можете подняться на вершину купола и увидеть знаменитый колокол Savoyarde, который весит колоссальные 19 тонн и является одним из самых тяжелых в мире.

Интересно, что базилика на Монмартре появилась в нескольких фильмах и музыкальных клипах, в том числе «Амели» и «Сабрина».

А с площадки перед базиликой Сакре-Кер открывается изумительный вид на Париж, и здесь вы всегда найдете пеструю и шумную толпу туристов, музыкантов, мимов и африканцев, торгующих чем попало.

Сен-Сюльпис

Сен-Сюльпис — огромная, в стиле позднего барокко приходская церковь расположена в престижном районе Сен-Сюльпис в Париже.

Какой бы путь от Люксембургского сада до бульвара Сен-Жермен и одноименной церкви вы не выбрали, вы почти неизменно выйдете к церкви Сен-Сюльпис.

Последние годы всех занимает вопрос, а правда ли то, что написал Ден Браун в своем романе?

Мы тоже поддались всеобщему поветрию и отправились в эту вторую по величине после Нотр Дам церковь Парижа.

Хотя много написано о том, что в ней теперь наблюдается настоящее паломничество, мы нашли церковь тихой и немного сонной с немногочисленными туристами. Все, даже маленькие дети, вели себя крайне чинно и благопристойно.

Церковь, возведенная в 17-18 веках на остатках более ранней готической церкви, как это нередко случалось в Париже, строилась более века и так никогда и не была завершена, из-за чего имеет башни, несколько отличающиеся по высоте.

В богатой и модной церкви Сен-Сюльпис на левом берегу Сены прошли крестины не слишком набожного маркиза де Сада, поэта Шарля Бодлера, а также свадьба писателя Виктора Гюго.

На площади перед церковью находится красивый фонтан Висконти (1844), в котором присутствуют скульптуры четырех епископов эпохи Людовика XIV.

Орган церкви (1781 год) является одним из крупнейших в мире с 6588 трубами.

Внутри главной достопримечательностью Сен-Сюльпис являются фрески Делакруа (1855-61 годы) в часовне Ангелов, справа у входа.

Поклонники «Кода да Винчи» будут особенно заинтересованы поисками линии меридиана или гномона, узкой полоски латуни, которую монах из романа использует в качестве точки отсчета в поисках Грааля.

Подойдите ближе к середине нефа с правой стороны, рядом с каменной статуей с латинской надписью.

Оттуда линия проходит с севера в сторону нефа и трансепта к обелиску рядом со статуей святого Петра.

Линии меридиана — это увлекательное астрономический инструмент 18-го века, использовавшийся для изучения планет и определения даты Пасхи каждый год. Лучи солнца проникают в церковь через небольшое отверстие.

На обелиске выгравирована латинская надпись, которая описывает использование линии меридиана. Туристы, ученые, историки со всех концов света приезжают, чтобы увидеть эту знаменитую линию.

Хотя, конечно, линия Розы – это выдумка писателя, нельзя не признать, что Ден Браун рассказывает интересную историю.

Но даже эти не совсем достоверные факты, которые мы читаем не без интереса, предоставляют пример взаимодействия науки и религии.

Пожалуйста, обратите внимание, что буквы «P» и «S» в маленьких оконцах на обоих концах трансепта обращаются к Петру и Сюльпису, святым покровителям церкви, а не означают мнимый «Приорат Сиона».

Вот такая она, церковь Сен-Сюльпис в Париже, получившая повышенное внимание со стороны туристов со всего мира благодаря литературному произведению.

Сен-Шапель в Париже

Часовня Сен-Шапель в Париже, известная также как святая часовня, является готической постройкой 13-го века на острове Сите.

Сен-Шапель в Париже находится практически напротив собора Нотр-Дам, так что вы ее увидите сразу, стоит только повернуться спиной к собору.

Она так красива, что вы ее моментально заметите, особенно на фоне комплекса Дворца правосудия.

Сен-Шапель была построена ультра-набожным Людовиком IX для использования ее в качестве собственной королевской часовни и места хранения религиозных символов.

Ибо в отличие от многих других набожных аристократов, которые не гнушались кражами священных реликвий, святой Людовик покупал их за огромные суммы.

В 1239 году он купил терновый венец у обедневшего императора в Константинополе за 135 тысяч ливров (для сравнения, строительство самой часовни Сен-Шапель обошлось в 40 тысяч).

Затем к коллекции была добавлена Часть Животворящего Креста, что наряду с другими реликвиями сделало Сен-Шапель ценнейшим хранилищем религиозных сокровищ.

В дополнение ко всему, строительство Сен-Шапель было результатом политических амбиций Людовика, желавшего быть главным монархом западного христианского мира.

Поэтому в отличии от многих великих соборов, возводимых столетиями, часовня была построена очень быстро, всего за каких-то шесть и торжественно освещена в апреле 1248.

Ну а король умер от чумы в крестовый поход, позже был канонизирован папой, и теперь известен как Святой Людовик.

Несмотря на свои небольшие размеры, часовня выше окружающих ее зданий, и можно сказать, что Сен-Шапель является одной из самых высоких точек французской готики во всех смыслах этого слова.

Интерьер вызывает сильное ощущение хрупкой красоты, созданной за счет сокращения структурных опор до минимума, чтобы освободить место для огромного пространства с изысканными витражами. В результате часовня окутана светом и цветом, особенно в солнечный день.

Уникальность Сент-Шапель в Париже предает тот факт, что она включает в себя две часовни. Нижняя служила приходской церковью для всех жителей дворца. Эта часовня, которая считается довольно простой, с арками и сводчатым потолком, усыпанным звездами, посвящена Деве Марии.

Другая, верхняя часовня, предназначенная для членов королевской семьи, содержит более шести сотен квадратных метров витражей, окруженных тонким, окрашенным в разные цвета, камнем.

Окна в глубоких красных и синих тонах, прекрасные статуи, потоки света – все это создает необыкновенный визуальный эффект в узком и высоком помещении. Окно — розетка было добавлено в 15-м веке.

Сент-Шапель в Париже — этот настоящий шедевр средневекового религиозного искусства можно посетить по комбинированному билету с находящейся рядом Консьержери.

Церковь Мадлен

Церковь Мадлен – этот прекрасный образчик неоклассического великолепия в Париже.

Увидев впервые церковь Мадлен, вы, возможно, даже и не поймете сначала, для чего служит это здание.

Настолько его архитектура не похожа на традиционные французские церкви и соборы. А все же миновать эту парижскую церковь очень сложно.

Церковь расположена в одном из самых замечательных районов Парижа и является одной из наиболее заметных достопримечательностей города.

Она находится между 8-ым и 9-ым округами, в конце улицы Руаяль. С одной стороны к церкви ведет бульвар Капуцинок, с другой – бульвар Мальзерб, так что ее невозможно не заметить.

И это совсем недалеко от Оперы и от прекрасной Вандомской площади. Да и станция метро совсем рядом, так и называется Madeleine.

Это место в 18-м века было пригородом Парижа, а сегодня каждый знает, что роскошные бутики, известные рестораны и изысканный продуктовый магазин Фошон находятся возле площади Мадлен, на той же площади, что и церковь.

И надо сказать, что это далековато от первоначальной идеи Наполеона создать место, посвященное армии.

Император, немного страдавший манией величия, хотел великолепный храм во славу французской армии, несмотря на то, что на этом месте уже было предпринято строительство обычной приходской церкви, прерванное революцией.

Он сам выбрал архитектора, даже вопреки советам Императорской академии. Был построен храм с колоннами, вдохновленный греко-римским стилем.

Церковь находится на возвышении, к ней ведет множество ступеней, на которых можно сидеть, любуясь открывающейся панорамой на площадь Согласия, обелиск, Пале Бурбон и купол Дома Инвалидов.

Военное поражение превратило великолепный храм, посвященный славе армии, в простую церковь. На фронтоне появилась скульптурная группа, представляющая последний суд.

А церковь внутри очень красивая и вполне традиционная. В следующий раз, проходя мимо, выберите две минуты вашего времени, просто зайдите и посмотрите на красивые статуи, алтарь и росписи позади него.

Импозантный орган вносит свой вклад в репутацию церкви Мадлен. Действительно, ведь сам Камиль Сен-Санс был органистом церкви с 1857 по 1877 год! Да и сегодня, концерты в церкви все еще известны.

Церковь Мадлен является приходской для Елисейского дворца и Фобур Сент-Оноре, даже если и не складывается впечатление, что французские президенты все очень набожны.

Глава VII
Развлечения и праздники в Париже

Встретить Новый год в Париже

Встретить Новый Год в Париже – это ли не настоящий праздник? Пусть даже он окажется не очень похожим на традиционный Новый Год в России. Так даже лучше.

Уверена, что многие из нас совсем не возражали ли бы встретить Новый Год в Париже. Хотя, естественно, во Франции, как и практически во всех европейских странах, главный праздник года – это все-таки Рождество.

Но даже со всей той помпой, что окружает Рождество во Франции, французы, конечно, оставляют достаточное количество сил, чтобы отпраздновать Новый Год и веселятся на полную катушку.

В самом деле, Париже был недавно признан одним из десяти лучших мест для встречи Нового года, и везде проходят великолепные торжества в честь завершения года и начала нового.

К тому же во французскую столицу устремляется огромное количество иностранцев, поэтому, если вы намечаете встретить Новый Год в Париже — планируете все заранее. Цены на авиабилеты и отели растут растут с астрономической скоростью уже примерно с 15 декабря.

Самые предусмотрительные заказывают все еще в сентябре. Не то, чтобы это будет сильно дешевле, но, по крайней мере, вы гарантированно попадете, куда хотите.

Кстати, вот еще совет. Если хотите сполна насладиться видами Парижа в рождественском убранстве и предновогодней атмосферой, но при этом обойтись приемлемыми суммами, можно совершить поездку в начале декабря.

В первую декабрьскую декаду вы запросто можете заказать себе номер на двоих на 10 дней в трехзвездочном отеле между Вандомской площадью и Лувром за 39 тысяч рублей.

А если вас устроит 9-ый округ, то и за 36 тысяч. Думаю, если поискать хорошенько и заранее, можно найти еще лучший вариант.

Однако, вернемся к самому празднованию Нового Года, конечно, самому шумному и веселому.

Огромное количество людей собирается на Елисейских полях, и еще больше приходят к Эйфелевой башне, чтобы посмотреть фейерверк в полночь.

Люди пьют шампанское прямо на улице, обнимаются и целуются с незнакомцами. Некоторые предпочитают провести новогоднюю ночь не столь экстремально, заказав предварительно столик в ресторане, местных барах и клубах или круиз на кораблике по Сене с ужином и шампанских, почему бы и нет?

Ну а 1 января надо обязательно выйти на улицу, чтобы посмотреть традиционный парад, в котором участвуют тысячи исполнителей, певцов, танцоров и уличных артистов.

Но независимо от того, собираетесь ли вы встретить Новый Год в Париже, другой европейской столице или у себя дома, я желаю вам хорошо провести это время, главное – это праздник в душе, не так ли?

Кабаре Мулен Руж

Кабаре Мулен Руж в Париже ныне известно всему миру как место, где впервые был показан соблазнительный французский канкан, пришедший с улиц.

Даже если вы никогда не были в Париже, думаю, названия тройки самых известных французских кабаре все равно вам знакомы — Мулен Руж, Лидо, Крейзи Хорс.

И кабаре Мулен Руж среди них самое старое и знаменитое, растиражированное к тому же на множестве картин, открыток и различной сувенирной продукции.

Многие международные звезды выступали на сцене кабаре, включая таких легенд, как Элла Фицджеральд, Фрэнк Синатра и Лайза Минелли.

Они все давали блестящие представления, следуя по стопам французских знаменитостей Мориса Шевалье, Жана Габена и, конечно, «воробушка» Эдит Пиаф, возможно, величайшей французской певицы всех времен.

Ну а персонажи, выступавшие на сцене в конце 19 века, были увековечены в живописи очень одаренного и столь же неординарного художника Тулуз-Лотрека.

Последний десяток лет в кабаре шло шоу под названием Феерия — феноменально роскошное, с тысячью богато украшенных костюмов, оригинальной музыкой в исполнении 60 певцов хора и 80 музыкантов и даже аквариумом с плавающей русалкой.

Может, это была и не совсем русалка, но, по крайней мере, у меня возникли такие ассоциации.

Согласно традиции, названия всех шоу кабаре должны начинаться с буквы F.

Кабаре работает ежевечернее. Исключение 31 декабря. Начало: 9:00 или 11:00 вечера. Пожалуйста, обратите внимание: ноябрь и декабрь пятницу и субботу представление идет только в 11 вечера.

Администрация обычно просит о двух вещах — приходить за 30 минут до начала шоу и не приводить детей младше 16 лет.

И само собой, не забудьте, что в таких местах традиционно запрещена фото и видео съемка. Зато, в качестве, компенсации, вам дадут бутылку шампанского на двоих.

Стоимость колеблется вокруг цифры в 100 евро (это если без ужина), более позднее представление несколько дешевле.

На всякий случай напоминаю месторасположение кабаре Мулен Руж в Париже: 82, бульвар Клиши, 18 округ, метро Бланш.

Цены в Диснейленд в Париже

Часто возникает вопрос о ценах в Диснейленд в Париже. Ибо посещение этого парка развлечений в Париже является почти обязательным пунктом программы любого визита.

И очень часто даже в тех случаях, если никаких детей у вас еще нет, они уже выросли, или вы их оставили дома.

Многим взрослым очень хочется окунуться в далекий мир своего детства и почувствовать себя участником волшебной сказки.

Остается только узнать цены в Диснейленд в Париже.

К сожалению, они имеют стойкую тенденцию к увеличению, однако сильно варьируются в зависимости от количества дней посещения и не очень сильно от возраста детей и сезона.

Также учтите, что в зимний период обычно действуют скидки, и цены снижаются.

До трех лет дети посещают Диснейленд бесплатно, а до 11 лет включительно цена на билет несколько ниже.

Бывают и другие довольно приятные моменты, например, с апреля по ноябрь 2012 года для детей до 7 лет вход в парк и проживание в отелях были бесплатными.

Выгодно заказать билеты на сайте disneylandparis.com, оплатив их карточкой и распечатав еще дома.

Порой между ноябрем и мартом действует скидка в 20%.

Самый простой вариант, когда вы покупаете билеты на один день с посещением 2-х парков — главного парка и Уолта Дисней Студио, обойдется вам в 59 евро на взрослого и 52 евро на ребенка до 12 лет.

Если у вас есть силы и хватает энтузиазма, то можно посещать Диснейленд в течение 4-х дней, заплатив при этом только за 3. Тогда взрослый билет обойдется вам в 160 евро, а детский в 144. Причем можно выбирать любые четыре дня из семи.

Естественно, есть и множество других вариантов от 2-х дней до 5 на ваш вкус.

Однако помните, что обычно снижение цен действует до марта, когда с наступлением очередного весенне-летнего сезона скидки могут волшебным образом растаять, а цены подняться.

Очень сильно рекомендую позаботиться о билетах заранее, в противном случае вам придется выстоять в огромной очереди на входе, особенно летом, в разгар сезона.

И очередь эта ничуть не меньше, чем в Лувр, бывает час-полтора, что страшно утомительно с детьми.

Если вы уже в Париже, билеты в Диснейленд можно купить в кассах RER вместе с билетами на поезд, на Елисейских полях в Диснеевском магазине, в магазинах «Fnac», которых очень много по всему городу. Кстати, магазины этой торговой сети есть и на Елисейских полях и рядом с Оперой.

Надо сказать, что если вы едете в Париж с помощью туристического агентства, то часто и оно предлагает билеты в парки развлечений и кабаре. Просто узнайте цену в Диснейленд в Париже и посмотрите, что вам выгоднее.

День Святого Валентина в Париже

День Святого Валентина в Париже – вот что вы услышите, если решите опросить с десяток человек на предмет предложений романтических городов, в которых можно провести этот праздник влюбленных.

Не отрицаю, что французская столица может служить чудесным местом для романтического посещения в любое время года.

Но провести День Святого Валентина в Париже может стать по-настоящему чем-то особенным.

Правда, как и следовало ожидать, День Святого Валентина в Париже не дешев, несмотря на то, что праздник приходится на середину февраля, который (по идее) является сезоном низких цен.

Это далеко не главный праздник во французском календаре, но так как город имеет такую романтическую репутацию, вы конкурируете со всеми другими посетителями, которые стекаются в город на 14 февраля.

Для того, чтобы убедиться, что вы получите номер в отеле, который вам нравится, и не переплатить, важно, чтобы вы заранее забронировали отель и билеты.

Начните продумывать такие вещи, как размещение и перелет задолго до февраля — если вы планируете провести в Париже больше, чем просто пару дней.

Конечно, можно утверждать, что любой отель в Париже романтичен просто потому, что он в Париже, но все мы знаем, что это не совсем так.

Есть много чудесных романтических отелей в Париже, и не все из них стоят целое состояние. Может быть, все, что вам потребуется для романтики – это вид из окна на один из наиболее знаковых памятников города, например, на Эйфелеву башню.

Тогда ищите все отели рядом с башней или в ближайших окрестностях, а затем проверяйте на предмет стоимости.

Есть несколько вещей, которые надо иметь в виду при планировании поездки в День Святого Валентина (или любое другое романтическое путешествие) в Париж.

В определенной степени, любые места в Париже могут быть романтичными, особенно если вы с любимым человеком.

Но некоторые районы более запоминающиеся. Куда сходить в Париже? Если вы ищете идеальное место для романтических прогулок по Парижу, сосредоточьте свой поиск на Монмартре, в квартале Марэ, в Латинском квартале и вокруг бульвара Сен-Жермен-де-Пре.

Мосты и набережные Сены являются традиционными местами для свиданий и поцелуев, особенно Новый мост, который в реальности самый старый из всех парижских мостов.

Катание на кораблике по Сене представляет собой интересный способ увидеть Париж независимо от того, в какое время года вы там находитесь. Но это становится более романтичным, когда вы заказываете круиз с ужином и шампанским. Неплохо, правда?

Посещение одного из парижских кабаре тоже может быть захватывающим способом провести этот день.

Можно предпринять Шоколадный тур по Парижу, ведь этот город является домом для множества магазинов шоколада. Вы можете заказать шоколадную экскурсию или отметить магазины на карте и сделать все в своем собственном темпе.

Ну а если вы любители романтического искусства, то можно отправиться в один из парижских музеев.

Таким образом, есть много возможностей, чтобы День Святого Валентина в Париже прошел прекрасно.

Прогулка по Сене

Прогулка по Сене на кораблике – одна из самых романтических экскурсий, когда город, кажется, раскрывается веером перед вами, в то время как вы лениво плывете по реке.

Совершив одну из популярных прогулок по Сене в Париже, вы получите представление о некоторых из самых красивых мест города.

Вы можете заказать себе романтический ужин на кораблике и насладиться им на фоне мягких бликов света на воде.

А можно и просто сидеть на свежем воздухе, проплывая мимо живописных достопримечательностей.

Ах, река Сена! Кажется, никакая другая река в мире не была объектом такого количества романтической суеты, поэтической произведений, неистовых фотосъемок и всеобщего восхищения.

Путешествие по Сене — это один из способов познакомиться с некоторыми из самых красивых памятников города, исторических зданий и старинных мостов.

Что можно увидеть за время часовой экскурсии в весьма необычном ракурсе, снизу с воды?

1. Собор Нотр-Дам
2. Эйфелеву башню
3. Лувр
4. Музей д'Орсе
5. Национальное собрание (здание Национальной ассамблеи)
6. Отель Инвалидов
7. Новый мост (старый мост Парижа, начиная с 16-го века)
8. Мост Александра III (в столе модерн, датируемый 1896 годом)
9. Гран-Пале (здание Национальной галереи в стиле Belle Epoque) и много всего другого.

Когда лучшее время, чтобы совершить прогулку по Сене?

Я думаю, что это время с мая до середины сентября, когда небо, по большей части, чистое, а погода в Париже, как правило, теплая.

Осенью и зимой туры по-прежнему работают, но имейте в виду, что ветер и часто дождливая погода могут сделать сидение на открытой палубе менее приятным.

И помните, что даже летом на реке достаточно прохладно, особенно вечером, поэтому захватите с собой что-нибудь теплое, особенно для детей.

Несколько компаний предлагают дневные и вечерние прогулки в течение всего года.

Прежде, чем выбрать тур, решите, предпочитаете ли вы путешествие, которое будет фокусироваться на истории и достопримечательностях Парижа, либо вы хотите пообедать или поужинать во время прогулки.

Как вы догадываетесь, цена за удовольствие будет различной. Простое путешествие обойдется вам примерно в 10 евро, а с обедом или ужином – 60-80 евро.

Бато Муш, пожалуй, самая известная компания, осуществляющая прогулки по Сене и легко узнаваемая по огромной палубе и ярко-оранжевым сиденьям.

Бато Муш имеет целый парк из корабликов, некоторые из которых предлагают обед или ужин. Отправление каждые полчаса с 10 утра до 11 вечера с апреля по сентябрь.

Сесть на кораблик можно возле моста Альма (метро Альма-Марсо).

Бато Паризьен — еще одна хорошо известная в Париже компании, предлагающая прогулки на кораблике. Пристань находится возле Эйфелевой башни у моста Иена (метро Трокадеро или Бир-Хакем).

Так что, если будет желание, можно отправиться на прогулку по Сене, этакий миниатюрный круиз, во время которого вы посмотрите на некоторые главные достопримечательностей французской столицы.

Экскурсионные автобусы в Париже

Признаюсь честно, что до последнего времени я с некоторой долей скепсиса относилась к туристическим экскурсионным автобусам в Париже.

Я всегда считала, что по городу надо ходить пешком, пока не попробовала сама прокатиться на экскурсионном автобусе в Париже.

По Парижу курсируют множество двухэтажных автобусов с открытым верхом, вы можете встретить их в самых популярных туристических местах.

В чем преимущества таких автобусов? На мой взгляд, их, по крайней мере, три:

1. Совершенно необыкновенный вид на город и улицы с высоты второго этажа
2. Возможность входить и выходить на остановках или кататься целый день, если вам захочется
3. Наконец, возможность дать отдых уставшим ногам, если вы честно выполняли свою экскурсионную программу все предыдущие дни.

Впервые забравшись на второй этаж, я испытала давно забытое детское чувство восторга от происходящего вокруг.

Представьте себе: солнечный день, вы высоко над тротуаром на открытой площадке, сверху открываются совершенно необыкновенные виды и перспективы улиц и даже есть шанс мельком заглянуть в окна домов, если улица узкая.

А теперь некоторые организационные подробности. Мы катались на автобусах фирмы Les Cars Rouges, полный маршрут занимает примерно 2,5 часа.

Автобус делает остановки в самых популярных местах: возле Триумфальной Арки, Трокадеро, около Эйфелевой башни (дважды), возле Нотр Дам, Лувра, музея д'Орсе, Оперы.

Кстати, возле Оперы на экскурсионный автобус в Париже удобно садиться, там обычно меньше народу и можно занять хорошие места.

Карту с маршрутом и остановками вы можете бесплатно взять в самом автобусе. Один день обойдется вам в 27 евро, а вот два дня – в 31, что гораздо выгоднее. Платить можно как наличными, так и карточкой.

Водитель даст вам наушники, и вы сможете подключиться к аудиогиду, выбрав один из восьми языков, в том числе и русский.

Остановку можно узнать издали по голубому знаку с изображением белого автобуса, а вот на столбе ниже знака уже будет красная табличка с маршрутом и временем отправления.

Утром автобусы отходят почти одновременно от всех остановок примерно в 9.30 утра. По маршруту их курсирует довольно много, так что мы нигде не ждали более 5-10 минут. Правда, это было в субботу и воскресенье.

Читала где-то в интернете, что в рабочие дни время ожидания может быть больше из-за пробок и интенсивного движения. Так что рекомендую выходные, тем более, что в воскресенье большинство магазинов закрыты.

Существуют еще автобусы других фирм L'Open Tour и Foxity. Первые можно отличить по желто-зеленому цвету, вторые — по оранжевому.

L'Open Tour курсирует по четырем маршрутам, у него больше остановок, но и цена выше, примерно 45 евро за два дня.

Автобус Foxity отходит от площади Мадлен и идет без остановок, совершая за 1 час 45 минут что-то вроде обзорной экскурсии.

Я думаю, вы уже поняли, что мне очень понравилось кататься на экскурсионном автобусе в Париже, и вам тоже рекомендую обязательно воспользоваться этой возможностью.

День рождения французского языка

Знаете ли вы, когда нужно отмечать день рождения французского языка?

Что, вы даже не слышали о таком празднике?!

Не волнуйтесь, вы не одиноки, даже если любите Париж, Францию, ее язык, французские духи и все французское в целом.

Меня вдруг поздравили с днем рождения французского языка 14 февраля.

К стыду своему, я даже никогда не задумывалась о существовании такого праздника и ничего о нем не слышала.

Открыв интернет, я обнаружила, что существует некое расхождение во взглядах на дату этого праздника.

Одни сходятся на том, что отмечать его надо 14 февраля, что само по себе очень символично, не правда ли?

Надеюсь, Святой Валентин не обидится. А если отмечать его в Париже, так и вообще жизнь удалась.

Так вот, о дне французского языка. Дело в том, что в 842 году (подумать страшно, когда это было, но ведь помнят же люди!) были впервые принесены клятвы на старофранцузском.

Это был договор о союзе между двумя королями Карл II Лысым и Людовиком II Немецким, кстати, они были родными братьями.

Не буду вдаваться в исторические подробности Страсбургской клятвы и отношениями между двумя братьями, скажу лишь, что в Википедии написано, что до 20 века этот день отмечался как день рождения французского языка.

Почему только до 20 века – непонятно, как будто весь 20 век и начало 21 на нем и не говорили вовсе.

Другие называют датой праздника 20 марта. Здесь история совсем недавняя, так что с ней все ясно. В 2010 году ООН решило отмечать дни различных языков. Французскому языку досталось 20 марта. Вполне себе неплохая дата, но 14 февраля выглядело как-то символичнее, правда? Впрочем, это дело вкуса.

Так что, если вы любите французский язык, то вполне можете позволить себе отметить его день рождения дважды. Есть же у нас два Новых года, в конце концов, и никто не жалуется.

Поэтому примите поздравления с днем рождения французского языка, когда бы вы ни решили его отмечать! Joyeux Anniversaire!

i want morebooks!

Покупайте Ваши книги быстро и без посредников он-лайн – в одном из самых быстрорастущих книжных он-лайн магазинов! окружающей среде благодаря технологии Печати-на-Заказ.

Покупайте Ваши книги на
www.more-books.ru

Buy your books fast and straightforward online - at one of world's fastest growing online book stores! Environmentally sound due to Print-on-Demand technologies.

Buy your books online at
www.get-morebooks.com

 VDM Verlagsservicegesellschaft mbH
Heinrich-Böcking-Str. 6-8   Telefon: +49 681 3720 174   info@vdm-vsg.de
D - 66121 Saarbrücken   Telefax: +49 681 3720 1749 www.vdm-vsg.de

Printed by Books on Demand GmbH, Norderstedt / Germany